Rose Marie Donhauser
Herby Neubacher

Matjes...

... hat immer Saison!

Neue Rezept-Ideen für aufregende Gaumenfreuden

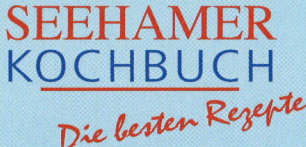

SEEHAMER
KOCHBUCH
Die besten Rezepte

Inhalt

Matjes – Geschichten von Fürsten,
Seeräubern und Leckerschmeckern   10/11

Kleine Matjeskunde   22/23

Fingerfood   24/25
Pommes Chips mit Matjesstickers
    und Tomatenmayo   26
Happy Spoons mit Avocadodip   27
Mediterrane Matjes-Sandwiches   28
Fladenbrot mit Hummus und Matjes   30
Grünes Matjesmus auf Walnusstalern   31
Matjes mit Tzatziki und Fladenbrot   32
Weiße Sandwichtürme mit Meerrettichsahne   34
Schinkentüten mit Matjes und Senf-Soleiern   35
Matjes-Temaki   36
Nussige Wrap-Matjes   38
Matjes-Happen mit Garnelen   39

F(r)ischekicks   40/41
Matjes-Töpfchen   42
Teufelseier mit Matjestartar   43
Red Lady mit Meeresjungfrauen   44
Geeister Weinkräutermatjes mit Gemüse
    und Limettensauce   46
Flämischer Endiviensalat   47
Chicorée mit Senfmatjes und Kaviarherzen   48
Fruchtiger Vitaminsalat mit Schinkengriffeln   50
Bunter Salat mit Matjes-Speckcrosti   51
Gurkensüppchen mit Matjes   52

Matjes-Party Fischer's Fritz...   54

Matjes-Shooter + Matjes-Roulette   55

Gazpacho + Partybrötchen mit Speckzwiebeln   56

Kartoffel-Bohnensalat + Ananas-Igel mit Matjes   57

Aus Pfanne und Wok   58/59

Matjes-Sellerietörtchen mit Curryjoghurt   60

Quarkmatjes auf Wok-Gemüsegarten   61

Matjesfilets mit Speckzwiebeln   62

Matjes-Leineweber mit grüner Sauce   64

Pfannenbissen mit Aioli-Matjes   65

Eingelegte Matjes   66

Matjes im Tomaten-Kartoffelnest   68

Pfeffer-Entrecôte im Matjessalat   69

Gelber Linsenreis mit Brokkoli und Matjes   70

Schinken-Blinis mit Kurkumasahne   72

Rühreier mit Matjes, Spinat und Safranjoghurt   73

Feines aus Topf und Backofen   74/75

Meerrettich-Kartoffelpüree mit Matjes
und Dörrobstsauce   76

Ofenkartoffeln mit zweierlei Matjesdips   77

Matjes mit Bohnensauce   78

Wirsingkuchen mit Matjes und Schinkencreme   80

Meerrettichsuppe mit Matjes und Bierkrusteln   81

Matjesstücke im Apfel-Honig-Sud   82

Kürbiscreme mit Mais und Matjes   84

Süppchen mit Rote Bete, Roastbeef und Matjes   85

Spinatpastetchen mit Macadamia-Matjes   86

Matjes-Potpourri auf Spaghetti   88

Koriandermatjes auf Gemüsereis   89

Register   90/91

Matjes
Geschichten von Fürsten, Seeräubern und Leckerschmeckern

Hering von Adel ...

Manch Adelsgeschlecht wäre glücklich, auf eine so spannende Geschichte zurückblicken zu können. Mehr als 600 Jahre bewegte Historie: Kriege wurden geführt, Schlachten gewonnen, Geschlechter kamen und gingen – weil ihr Schicksal von ihm bestimmt wurde.

Ganze Städte verdanken ihm ihren Reichtum, Seeräuber suchten nach seinem Silber, und noch immer genießen edle Fräulein seine Sanftheit – wahrlich eine Herausforderung für einen echten Adelsmann.

Matjes, der Hering von Adel, ist jung geblieben – trotz seiner bewegten Vergangenheit. Und er ist es jedes Jahr von neuem – dort, wo Holland am schönsten ist, an der Küste der Nordsee, im einst so mondänen Badeort Scheveningen, mit den ersten warmen Sonnenstrahlen im Mai ...

Unübersehbar thront an der Promenade des Seebades Scheveningen, der „Badewanne" von Den Haag und eigentlich von ganz Holland, das Kurhotel. Den Glanz des ausgehenden 19. Jahrhunderts hat es bewahrt und wirkt irgendwie anachronistisch, umrahmt von moderner Glas- und Beton-Unkultur der vielen Casinos und Amüsierstätten, die sich hier auf engstem Raum ballen.

Scheveningen ist Big Business der Verlustigungskultur. Im Sommer strömen Hunderttausende dorthin, um sich am Strand zwischen all den farbenfrohen Buden braun braten zu lassen oder in den Casinos ein paar Euro zu gewinnen. Holland live – laut, verrückt und bunt.

Doch die Versammlung im ersten Stock des feinen Kurhotels ist an diesem Tag im Mai zusammengekommen, um exquisit und ungewöhnlich zu feiern. Man sieht viele Herren in edlen dreiteiligen Anzügen, Damen mit Hut und den ersten Sommerkleidern der Couture. Man flaniert, man freut sich, beisammen zu sein. Und man hebt einen Hering.

Wie bitte?

Richtig – man hebt einen Hering. Den neuen Hering, den ersten des Jahres, den – wie man hier sagt – „Hollandse Nieuwe", bei uns bekannt als Matjes.

Etwa 20 000 Gulden (heute rund 9 000 Euro) hat man für nicht einmal zehn Heringsschwänze bezahlt – die Banken haben ihre besten Kunden eingeladen, man fühlt sich geehrt.

Und hier ist zu beobachten, wie man Matjes in Holland stilecht genießt: An der fedrigen Schwanzflosse hochgehoben, lässt man die zwei marzipanfarbenen Filets erst einmal auspendeln. Nun steigt die Hand hoch über den Kopf, der neigt sich in den Nacken, man öffnet genüsslich den Mund – und lässt die Pracht hinein- und hinabgleiten: der erste Bissen, „äächt lekker"!

Die „Jongens" vom Haring

Nur knapp einen Kilometer vom Kurhotel entfernt dümpeln im Hafen von Scheveningen die Kutter: moderne Schiffe mit zwei Ladebäumen an Bord, an denen später im Jahr das Fangnetz für Scholle und Seezunge befestigt sein wird. Hinten, am Heck, befindet sich jetzt eine Netztrommel. Sie hält das Geschirr für den Hering.

In der Fischauktion direkt am Kai geht es hoch her. Hier feiern die „Jongens", die Fischer und Verarbeiter des Matjes, den Auftakt zur Fangsaison. Gerade ist die Versteigerung des ersten Fasses zu Ende gegangen. Man hat geprüft, verglichen, und dann hat man gesteigert. Und wer das erste Fass des jungen Fisches bekommt, ist König. Und das lässt er sich was kosten.

Die Ouwehands, Parlevliets, van der Zwans und den Dulks, die den Drijvers, die van der Drifts – alle haben mitgesteigert. Die großen alten Heringsfamilien der Niederlande, bzw. ihre Nachfahren, kämpfen um dieses erste Fass, und mit ihnen viele aus Hollands Wirtschaftsszene.

Bis zu 120 000 Gulden (54 000 Euro) hat ein Fass des ersten Matjes schon gebracht. Das Geld geht an einen guten Zweck, die Ehre an den Steigerer und an den Fischer, dessen Fang mit solch hohem Kaufpreis ausgezeichnet wurde.

Die „Jongens" sind zu Recht stolz. Viele ihrer Fischer-Dynastien reichen bis in Hollands goldene Zeit, das 16. und 17. Jahrhundert, zurück, als der Heringsfang den Reichtum dieser Region bestimmte, gemeinsam mit der Indienfahrt, den Gewürzen, Tulpen und Stoffen. Hering war das Silber des Meeres und das Gold an den reich verzierten Häuschen der schönen alten Städte von Amsterdam bis Den Haag.

Wie Perlen sind die althergebrachten Heringsfangplätze aufgereiht an Hollands düniger Küste: Ijmuiden hoch im Norden, bei Amsterdam, Nordwijk und Katwijk, Scheveningen und Vlaar-

Vom üppigen Fang ... zum ersten Fass ... und zur Prüfung des ersten Matjes der Saison

dingen bei Rotterdam. Überall wird der Hering angelandet und weiterverarbeitet. Das Geheimnis seiner Konservierung und geschmacklichen Reifung ist eine Kunst, die bis auf das Jahr 1395 zurückreicht.

Dank dem Fischer Beukelzoon

Wilhelm Beukelzoon kam aus Biervliet, einem kleinen Fischernest, heute in Belgien gelegen, damals in der holländischen Provinz Flandern. Er machte 1395 die Entdeckung, die seine Heimat für immer verändern sollte und sie zur Großmacht des Herings erhob. Beukelzoon erfand den Kehlschnitt. Das klingt grausam, war aber eine gute Idee.

Der Hering, wenn er an Bord kommt, ist wie jeder frische Fang vom Verderb bedroht. Beukelzoon nahm Stück für Stück zur Hand, schnitt jeden einzelnen Fisch unter dem Maul zwischen den Kiemenbögen auf, entnahm die Eingeweide und ließ – damals wohl eher durch Zufall – die Bauchspeicheldrüse im ausgenommenen Tier. Dann flog der Hering in die Tonne, Salz kam dazu, und es bildete sich eine Pökellake, die es erlaubte, den Fisch länger aufzubewahren – der Matjes war erfunden.

Das Prinzip ist seither gleich geblieben. Kaiser Karl V., in dessen Reich die Sonne nie unterging, weil er von Dänemark bis Südspanien herrschte, besuchte etwa hundertfünfzig Jahre später das Grab des Beukelzoon und leerte einen Humpen flämischen Bieres zu seinem Gedächtnis – der Fischer aus Biervliet hatte ein Heringsimperium in ganz Europa begründet.

Erst seit Beukelzoons Erfindung konnte man Heringe über längere Strecken in Fässern transportieren. Das Verfahren machte die Runde, überall an Hollands Küste wuchsen die Heringsstädte in die Höhe, mit Hering wurde ihr Reichtum begründet. Auch erste deutsche Domänen taten sich auf – schon kurz nach dem 30-jährigen Krieg erließ die Stadt Emden, von Holland mit dem „Heringswissen" ausgestattet, die erste Heringsverordnung, die Qualität, Fang und Verarbeitung regelte. Von Kaisers Gnaden durfte man den „Haring nit vermischen oder verändern" – und darf es bis heute nicht.

Kriege und Piraterie – man streitet um den Matjes

Niemand erfreut sich lange eines Vorteils ohne die entsprechenden Neider. Und so fanden sich bald rund um Flandern die ersten Konkurrenten. Besonders England machte den Flamen das Beuterecht am Hering streitig. Auch einige bekannte Seeräuber, wie zum Beispiel Klaus Störtebeker, wollten in den lukrativen Heringshandel einsteigen. Und so kam es zu kriegerischen Auseinandersetzungen zwischen den Kontrahenten.

Eine wichtige Rolle spielte die Hanse, das Handelskonsortium des ausgehenden Mittelalters, das mit seinen Stützpunkten die Ostsee von Nowgorod bis Lübeck und die Nordsee von Bergen bis zum flandrischen Brügge beherrschte. Ihr wichtigstes Privileg bestand darin, dass nur ihre 1 000 Koggen die großen Heringsmärkte im südschwedischen Schonen anfahren durften. Hering wurde gehandelt und geraubt, genossen und umkämpft – Störtebeker belagerte selbst die Hansestadt Bergen in Norwegen, um die Heringsstraße von dort in die Niederlande zu kontrollieren.

Hering war eine große Zeit lang eine der wenigen preiswerten Ressourcen an Eiweiß, die zu kaufen waren. Und dank der Methode, ihn im Salz zu lagern, konnte man diese Ressource ständig verfügbar halten. Bevor Störtebeker 1401 das Schwert des hamburgischen Scharfrichters zu fühlen bekam, vermachte er der Stadt Verden an der Aller, die ihn und seine Mannen zeitweilig versteckt hatte, noch eben sieben Kirchenfenster für den Dom und für die Ärmsten der Stadt jedes Jahr eine Heringsspeisung am Montag nach dem Sonntag Lätare, die bis heute durchgeführt wird.

„Hering und Kartoffeln soll Er fressen"

Heringsfischer, Tulpenzüchter, Gewürzhändler ... die Holländer waren aber auch gute Baumeister. Das wusste besonders der „Alte Fritz", Friedrich der Große, zu schätzen. Schon sein Vater hatte niederländische Fachleute nach Preußen geholt, für den Sohn bauten sie das Schloss Sanssouci. Es lag auf sumpfigem Grund, und die Holländer konnten mit Feuchtgebieten gut umgehen. Dort, in Potsdam, gibt es noch heute das mittlerweile restaurierte, sehr sehenswerte „Holländische Viertel".

Die Holländer brachten auch ihre Genussmittel mit nach Preußen: den Tobak in irdenen Tonpfeifen, die Kartoffeln aus Zeeland – und den Hering, den Matjes, von ihren Küsten. Friedrich, der König, war des Staunens voll. Die neuen Spezialitäten hielten die Leute gesund und munter, und so befahl er seinen Soldaten, den langen Kerls: „Hering und Kartoffeln soll Er fressen."

Preußen wurde Heringsland. Bismarck, hundert Jahre später, war ebenfalls ein Heringsfreund. „Wenn Hering teuer wie Kaviar wäre – man wüsste ihn zu schätzen", soll der Reichskanzler geäußert haben und erlaubte es einem Fischhändler, einen sauren Hering nach ihm zu benennen – den Bismarckhering. Der hat allerdings nichts mit der milden Leckerei aus Holland zu tun.

Erwähnt sei hier noch eine weitere Spezialität: zwar auch ein Hering – nun gut, aber was ist ein Rollmops gegen einen Matjes?! Ihren Namen tragen die gerollten Heringe übrigens wieder aus einem preußischen Grund: Die Möpse, die mit Frauchen und Herrchen Unter den Linden in Berlin flanierten, boten von hinten einen Anblick wie ein gerollter Hering.

Zeit der Salzheringe, Zeit der Not

Die Zeiten wurden rauer – zwei Weltkriege sah das 20. Jahrhundert. Und viel, viel Salzhering. Denn dieser stark gesalzene Hering, (man konservierte den Fisch mit bis zu 20 Prozent Salz) wurde die Speise der Armen. Wer in Zeiten der Not wenigstens noch einen Salzhering hatte, konnte zumindest ein wenig opulenter essen. Manch ein Armer hat nur an einem Salzhering lecken dürfen – so ein böses Sprichwort aus den 30-er Jahren.

Hollands Fischerei weitete sich enorm aus, auch Deutschland bekam eine große Heringsflotte, und Hering wurde zum Alltagsfisch. Jedoch nicht der Matjes, sondern der Salzhering. Dazwischen liegen Welten ... Salzhering muss natürlich gewässert werden, bevor er gegessen werden kann – von Genuss wollen wir da lieber nicht sprechen.

Jeder Tante-Emma-Laden hatte damals seine Salzheringstonne vor der Tür. Wenn Ebbe in der Haushaltskasse war, kaufte man gern Salzhering. Er wurde in Milch oder in Wasser gelegt, damit das Salz aus dem Fisch zog, und dann wurde er mit viel Sauce (meist aus Milch, wenn man hatte, aus Sahne) verfeinert. Das Brot der frühen Jahre – der Nachkriegsjahre ab 1945 – war Salzhering „Hausfrauenart" mit Kartoffeln. Die deutsche Heringsfischerei landete in großen Mengen an, auch um die hungrige Bevölkerung ausreichend mit preiswertem Fisch zu versorgen.

So wurde schließlich Hering als „Billigfisch" falsch bewertet, die Schwärme vertrugen die starke Fischerei nicht, und in den 70-er Jahren kam die Heringsfischerei in Deutschland zum Erliegen. Nur noch im Osten wurde sie bis zur Wiedervereinigung weitergeführt – Hering aus Deutschland war praktisch nicht mehr da. Der Salzhering wurde – man möchte, wenn man es kulinarisch betrachtet, sagen: endlich – vom Matjes abgelöst. Lediglich in den typischen sauren Heringsmarinaden ist der Salzhering noch heute zu finden.

Hering in den Jahreszeiten – immer wieder anders

Warum kann der Hering eigentlich auf so unterschiedliche Art verwendet werden? Ganz einfach: Er hat einen Jahreszyklus, der ihn immer

Da kann kein Salzhering mithalten...

wieder anders ausfallen lässt – besonders sein Fettgehalt verändert sich dabei dramatisch.

Es gibt viele unterschiedliche Heringsarten. Der Nordseehering ist in unseren Breiten der meistgenutzte, und der für Matjes notwendige ist der Nordsee-Herbstlaicher. Ostseehering und auch Heringe aus dem hohen Norden Skandinaviens, die so genannten atlanto-skandische Heringe, sind für Matjes wegen ihrer Fleischstruktur nicht geeignet.

Mit dem Frühjahr beginnt auch der Lebenszyklus des Herings in der Nordsee. Die Kraft der Sonne lässt Algen und Kleinlebewesen im Wasser wachsen und sorgt für einen gedeckten Tisch. Der Hering kann beginnen, sich „dick und rund" zu fressen. Das hat seinen Grund: Er möchte möglichst viel Fett ansammeln, das er später an seinen Laich abgeben kann – sozusagen als Versorgungspaket für die erste Lebenszeit der Jungfische.

Der Fettgehalt eines Herings kann sich in nur ein paar Monaten von etwa drei bis vier Prozent auf bis zu 28 Prozent steigern, je nachdem, wie warm und sonnig das Frühjahr verläuft und wie groß also das Nahrungsangebot ist, das der Fisch findet. Ende Mai, Anfang Juni hat er dann einen Fettgehalt erreicht, der ihn „matjesfähig" werden lässt. Er ist aber noch nicht zum Laichen bereit. Erst im Sommer bildet der Fisch aus seinem Fettpolster, das im Filet abgelagert ist, Milch und Rogen aus und laicht ab.

Nachdem dies geschehen ist, zu Beginn des Herbstes, sind die Fische wieder mager. Es wird kühler, die Tage werden kürzer, die Nahrung ist daher knapper, und die Heringe gehen mit einem schlanken Leib in den Winter, um im nächsten Frühjahr mit ihrer Mastkur erneut zu beginnen.

Heringe sind Schwarm- und Wanderfische: Sie bewegen sich gern in der Masse – in einigen Fanggründen kommen sie dabei so nah an die Wasseroberfläche, dass sie wie ein silberner Zug in der Sonne glitzern – und sie ziehen auf ganz bestimmten Wegen durch die See.

Die unterschiedlichen Bestände in der Nordsee haben auch verschiedene Wanderrouten. Einige ziehen ihre Kreise von der südnorwegischen Küste hinüber zu den Shetlands oder der schottisch-englischen Küste, um sich schließlich wieder Richtung Norwegen zu bewegen. Andere bevorzugen eine südlichere Route, die sie bis in den Ärmelkanal und vor die holländische Küste führt. In den letzten Jahren haben sich die Fanggebiete für den frühen Hering nach Norden verschoben. Die Fischer folgen diesen Heringsstraßen und fangen den ersten Nordseehering heute sogar vor der südnorwegischen Küste bei Egersund und vor der norddänischen Küste. In Hirtshals und Skagen gibt es große Auktionen, dort versammeln sich die „Jongens" aus Holland um den ersten, mit Spannung erwarteten, Fang zu ersteigern. Der spätere Hering wird hingegen eher vor Belgien gefangen. Der genaue Verlauf der Heringsstraßen kann sich ändern – er hängt von den Wassertemperaturen und dem damit verbundene Nahrungsangebot ab. „Im Hering ist alles möglich", sagen die Alten. Da ist nichts sicher.

Der Hering wird zu unterschiedlichen Produkten verarbeitet, je nach Jahreszeit, Fettgehalt, Fanggebiet und Rasse. So wandeln sich die späten Heringe, die bereits gelaicht haben, hauptsächlich zu Bismarckheringen und Rollmöpsen, die in Marinaden oder auch in Dosen angeboten werden. Der junge „Frühlingshering" hingegen wird zu einer einzigartigen Delikatesse – dem Matjes.

Was ist ein Matjes?
Der beste Hering!

Der Frühling naht – die Nervosität unter Hollands Matjesfürsten steigert sich mit jedem Tag. Wie wird er werden, der neue Matjes? Gibt es ein gutes Jahr? Wird er einen breiten Rücken haben und schön fett sein? Wird er „äächt lekker" schmecken? Wann gibt es den „Koniginnen-Haring"? Gibt es ihn in diesem Jahr überhaupt? Matjes ist eben gleichzeitig eine Kultur und eine Wissenschaft.

Vier bis fünf Jahre alt ist der Matjes, der Hering von Adel – der Fisch, aus dem Feinschmeckerträume sind – und er hat sich in den ersten Monaten des Jahres richtig schön fett gefressen. Nahrhaftes Plankton und leckere Algen verleihen ihm einen besonders guten Geschmack. Und er wurde gefischt, bevor er Laich ausgebildet hat, mit seinem ganzen Fett im Filet.

Der Einkäufer testet die Ware, indem er dem Hering die Haut löst: Darunter muss es sahnig schimmern. Dann folgt der Biss in den Rücken des rohen Fischs. Damit wird die Butterigkeit des Filets getestet. „Heerlijk!" – Ein echter Matjes!

Nun beginnt das Feilschen. Herauf und herunter wird gesteigert – die ersten Matjes sind teuer, aber es lohnt. Die Verarbeiter müssen in ein paar Wochen und mit wenigen Entscheidungen ihre Heringe für ein ganzes Jahr kaufen – Millionen gehen da über den Tisch. Einer von ihnen, ein Großer, kauft mal eben 100 000 Tonnen Fisch in nur zwei Wochen. Da muss die Qualität stimmen, sonst ist man ruiniert. Zur richtigen Entscheidung gehört jahrelanges, jahrzehntelanges Wissen um den Hering und seine Qualitäten. Welches Fanggebiet, wo hat er gefressen, ist er schön fett? Die „Jongens" drücken auf den Hering, ein roter Stoff tritt aus – kein Blut, sondern Plankton. Der ist geeignet, der hat richtig gefressen, die Enzyme für die Reifung sind da, das wird ein guter Matjes – vielleicht gar einer für die Königin, ein „Koniginnen-Haring".

Entscheidend beim Filet ist neben der richtigen Qualität auch die Größe. In Holland werden am liebsten die kleineren Sorten genommen, Heringe, die erst ein- oder zweimal gelaicht haben. Früher wurden sogar Heringe verarbeitet, die sich noch gar nicht vermehrt hatten – das ist heute weitgehend vorbei.

Matjes, das war einst auch der leckere Happen der Fischer auf der Heimfahrt. Den letzten Fang im Frühjahr bereiteten sie sich gleich an Bord zu. Sie nahmen ihn aus, ließen ihn ein paar Stunden in wenig Salz liegen und genossen den fetten Fisch sozusagen als Belohnung für die anstrengende Fangreise.

Heute fischt man den Hering für Matjes mit unterschiedlichen Schiffen von 40 Metern bis zu Großfängern von über 100 Metern Länge. Doch noch immer gilt es, den Fisch schonend zu behandeln. Ein Hering von hohem Fettgehalt ist empfindlich und kann nicht so ohne weiteres gedrückt oder darf bei der Verarbeitung nicht zu hart angefasst werden.

Das Kehlen geht heute zwar auch maschinell, wird aber oft noch von Hand ausgeführt, wie vieles bei der hohen Qualität von Matjes mit Handarbeit verbunden ist. Beim Kehlen nach guter alter Beukelzoon-Art verliert der Fisch alle Inne-reien bis auf die Bauchspeicheldrüse. Diese enthält ein Enzym, dass gemeinsam mit Salz den Hering reifen lässt. Deshalb wird der Matjes in den Fässern mit Salz vermischt, geschichtet und dann reift er auf dem Transport von den dänischen oder norwegischen Fangplätzen bis zur Verarbeitungen in Holland.

Der Salzgehalt im Matjes ist niedrig – der echte holländische hat von 0,1 Prozent bis zu höchstens zwei oder drei Prozent. Das ist dann aber schon eher der Export-Matjes. In Holland mag man Matjes, bei dem man nicht das Salz auf der Zunge schmeckt, sondern nur den feinen, fetten, butterigen, sanften Hauch des Meeres.

Das „heilige" Doppelfilet – ein Mythos

Es ist Ende Mai – die ganze niederländische Genussgemeinde wartet auf den „Nieuwe Haring", den neuen Hering, wie der Matjes in Holland heißt. Den Begriff „Matjes" gibt es in Holland kaum – er wurde von deutschen Touristen erfunden, sagt man, die staunend den leckeren Hering entdeckten und „Maaaaahtjes" sagten.

Ebenfalls diskutiert wird die Ableitung von „Maat"-jes, holländisch für gute Freunde, die man hat, und sogar die Geschichte des alten Kalauers, in dem sich zwei Heringe im Meer treffen und der eine den anderen fragt: „Bist du Matt?" Der britische antwortet: „Yes" – auch das ist nicht so ganz ernst zu nehmen.

Matjes ist ein wahrer Kult. Und der Kult-Gegenstand, der in Holland fast heilig ist, ist das Doppelfilet, das aus dem Matjes geschnitten wird. Dieses Verfahren ist wie das Kehlen uralt und geht folgendermaßen vor sich:

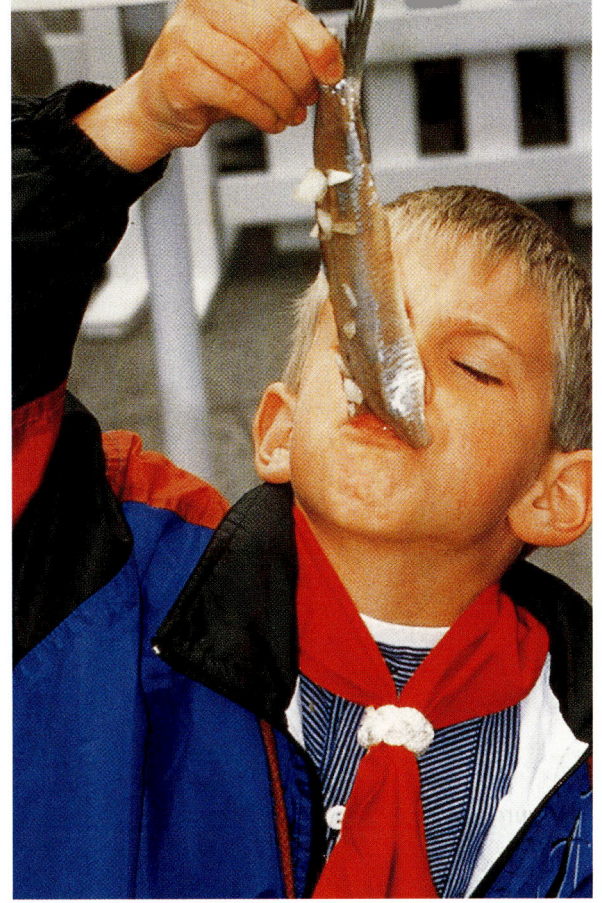

„Äächt lekker!"

Der gereifte Fisch wird abgezogen, das bedeutet, die Haut wird vorsichtig entfernt. Dann schneidet man den Kopf ab und die Mittelgräte heraus. Zurück bleiben nur ein kleiner Stummel am Ende der gezogenen Mittelgräte und der Schwanz des Fischs. Daran hängen die beiden leckeren Matjesfilets und können, wie bereits beschrieben, hoch über den Kopf gehalten, langsam, Bissen für Bissen, genossen werden.

Das Schneiden der Doppelfilets geht bei den Fischen mit hohen Fettgehalten noch heute von Hand vor sich. Solche mit niedrigeren Fettgehalten können maschinell geschnitten werden, sie sind nicht so empfindlich. Überall in Holland werden diese Doppelfilets in verschiedenen Größen und Salzgehalten angeboten.

Aber warum gibt es das ganze Jahr über Matjes? Warum hat dieser Genuss immer Saison, nicht nur ihm Frühjahr? Auch damit hat es seine Bewandtnis.

Matjes hat immer Saison

Natürlich ist die Aufregung groß, wenn der „Hollandse Nieuwe" eingetroffen ist. Ganz Holland feiert dann. Matjes ist jedoch auch ein ganzjähriger Snack. Er wird an einer Matjeskarre gekauft. Vor diesen bunten, hölzernen Wagen kann man sich richtig das Wasser im Munde zusammenlaufen lassen, während der Matjes zum Doppelfilet geschnitten wird. Dann bekommt man es am Schwanz in die Hand gereicht, zieht den Fisch vielleicht noch kurz durch gehackte Zwiebeln und lässt ihn sich schmecken. Diese Art Matjes zu genießen, ist überall in Holland üblich – besonders natürlich an der Küste.

An jedem Karren schmeckt der Matjes anders. Ob in Amsterdam, wo man den Fisch auch in kleine, mundgerechte Häppchen schneidet und mit Senf oder Salzgurke kombiniert, in Rotterdam, wo man den Matjes etwas salziger mag, oder mild wie in Katwijk, wo jedes Jahr zur Saison in der Innenstadt ein ganzes Tor aus Heringsfässern zu seinen Ehren gebaut wird – Matjes muss man immer wieder neu entdecken. In Holland allerdings kaum einmal im Restaurant, denn der richtige Genießer isst seinen Matjes zwischendurch – als Snack eben.

Der beste Matjes des Jahres, also der fettreichste Fang, wird für Königin Beatrix reserviert. Nicht, wie oft falsch zu lesen steht, der erste Fang, sondern der beste geht an ihre Majestät. Sie ist eine große Verehrerin dieses wahrhaft königlichen Genusses ist, den das Volk uneingeschränkt mir ihr teilen kann.

Und das erfreut Matjesliebhaber besonders: man kann ihn das ganze Jahr über essen. Der Frischetrick dafür ist einfach. Matjes muss einmal während der Verarbeitung gefrostet, also auf unter minus 40 Grad heruntergekühlt werden. Dies geschieht aus Sicherheitsgründen, um gesundheitsgefährdende Nematoden (das sind kleine Fadenwürmer) im Fisch abzutöten. Das ist in Holland Gesetz.

Das Frosten hat überdies einen angenehmen Nebeneffekt – damit wird auch die enzymatische Reifung des Fischs gestoppt. Wenn man ihn wieder taut, setzt sie sich fort und reift den Fisch zu Ende. Aus diesem Grund kann es das ganze Jahr über Matjes in bester Qualität geben. Man kann ihn zu jeder Zeit aus dem Kälteschlaf wecken und genießen. Er muss dann allerdings schnell, möglichst am selben Tag noch, gegessen werden und schmeckt genauso lecker wie frischer Fisch: Einfach zum Sofortverzehr!

Die Tour de Matjes – ein Fest für alle

Seit zwei Jahrzehnten wird der Matjes auch in Deutschland ausgiebig gefeiert. Die Botschaft vom leckeren Doppelfilet im Frühling wurde zuerst in Bremen aufgenommen. Dort wird bis heute, nur einen Tag, nachdem in Holland das erste Fass versteigert ist, genauso traditionell die Matjessaison für Deutschland eröffnet.

Peter Koch-Bodes, Präsident der deutschen Fischfachhändler, lässt es sich nicht nehmen, jedes Jahr Ende Mai im Kreis der Honoratioren der Stadt mit einem fröhlichen Ankunftsfest den ersten Matjes mit viel Hallo durch die Straßen Bremens zu tragen und dann auf dem Domshof nahe dem Roland das erste Fass zu versteigern.

Danach zieht die Tour de Matjes durch die ganze Republik. Von Hamburg bis nach Frankfurt, München und Rosenheim, von Emden bis nach Röbel und Magdeburg, und natürlich wird auch in der Hauptstadt Berlin der Matjes gebührend gefeiert. Tausende finden sich ein, wie zum Beispiel in Duisburg, wo man jedes Jahr von Fronleichnam an drei Tage lang in der Innenstadt den neuen Matjes mit Bier und der ganzen Familie hochleben lässt. Und sogar eine eigene Ritterschaft des Matjes wurde in Deutschland gegründet – ihr gehören sowohl verdiente Mitglieder der Matjesgilde an, als auch Prominente und Politiker, wie beispielsweise Norbert Blüm.

Matjes wird in Deutschland inzwischen genauso gern gegessen wie in Holland und insgesamt auch genauso viel – 100 Millionen Filets pro Jahr! Nur sind die Holländer eben eine etwas kleinere Gemeinschaft, sodass ihr Pro-Kopf-Verzehr bedeutend höher ist als in Deutschland.

Auf deutschen Tellern findet sich eher der größere Matjes, er wird traditionell mit Bohnen, Speckstippe und Kartoffeln gegessen. Aber wer bei Matjes nur an Pellkartoffeln oder den Genuss „von der Hand in den Mund" denkt, wird in diesem Buch eines Besseren belehrt!

Ein Arme-Leute-Fisch ist der Matjes schon längst nicht mehr. Man muss für einen guten Matjes auch gutes Geld bezahlen. Aber er ist immer noch die feinste und preiswerteste Art und Weise, das Meer und seinen (gesunden) Genuss auf den Tisch zu bringen.

Jedes Jahr wird die Matjesgemeinde größer, und immer wieder neue kulinarische Ideen verbinden sich mit diesem Wunderfisch. Fürsten, Seeräuber, Leckerschmecker waren und sind begeistert vom Matjes. Das wird sich nicht ändern, auch in den nächsten 600 Jahren nicht.

Matjes – das ist wahrhaft der Hering mit Ritterschlag.

Kleine Matjeskunde
Vom richtigen Umgang
mit dem jungen Hering

Matjes ist ein besonderer Leckerbissen, man sollte deshalb auch besonders sorgfältig mit ihm umgehen. Einige Grundregeln sind zu beachten, damit der unvergleichliche Genuss voll erhalten bleibt:

Matjes sollte man immer am selben Tag kaufen, an dem man ihn verzehren will. Der Fisch wurde aufgetaut und ist somit wie ein frisches Produkt zu behandeln. Matjes ist kein länger haltbares Produkt mehr, wenn er einmal aufgetaut wurde. Sein Salzgehalt ist so gering, dass er nicht zum Konservieren reicht.

Matjes darf man nie wieder einfrieren, sofern er einmal aufgetaut wurde. Wenn man von seinem Fachhändler gefrosteten Matjes kauft (eventuell in einer Zehnerschale), muss man darauf achten, dass auch dieser Fisch nur begrenzt haltbar ist.

Matjes hat ein empfindliches Aroma. Man sollte ihn daher nicht mit Zwiebeln bedecken, wenn man ihn serviert – das zerstört den feinen Geschmack. Zwiebeln werden immer in einer extra Schale serviert.

Matjes von guter Qualität erkennt man daran, dass sein Rücken eine marzipanhelle Farbe hat.

Er darf nicht braun oder gar grau aussehen. Er sollte auch nicht nach Fisch riechen, sondern einen leicht butterartigen Duft nach Meer und Algen haben. Matjes, der „fischelt", ist alt und sollte nicht mehr verzehrt werden. Die Innenseite des Filets darf leicht rosé oder rötlich sein, auch das zeigt, dass der Matjes von guter Qualität ist.

Matjes mit geschlossenem Silberspiegel sieht zwar toll aus, aber der attraktive silberne Rücken verrät einen fettarmen Matjes, weil das Fett den Silberspiegel des Fisches durchbricht.

Matjes passt zu fast allen Gemüsen, Saucen und Beilagen. Beispiele und Rezept-Ideen dafür gibt es in diesem Buch in Hülle und Fülle. Man sollte ihn aber nicht erwärmen oder gar mitgaren. Bei warmen Gerichten wird der Matjes erst ganz am Schluss zugefügt oder zu den Beilagen gelegt.

Matjes solte man nie Wärme aussetzen oder gar im Sommer nach dem Einkauf beim Fischhändler noch beim Stadtbummel in der Tüte haben. Matjes sollte immer kühl und dunkel gelagert werden. Die Filets auch nicht auf echten Silberplatten anrichten, sondern besser ein Bett aus Salatblättern bereiten und den Fisch dann darauf servieren.

Matjes kann das ganze Jahr über in guter Qualität gekauft werden. Das Frostungsverfahren erlaubt eine „Saison" von 12 Monaten. Oft ist der Vorjahres-Matjes noch fetter als der erste neue des laufenden Jahres. Man kauft je nach Rezept zwischen einem und drei Doppelfilets pro Portion. Ein Doppelfilet wiegt in der Regel zwischen 70 und 140 Gramm.

Matjes ist super für's Herz! Er enthält gerade die langkettigsten, ungesättigten Omega-3-Fettsäuren EPA und DHA. Und speziell sie gelten als besonders wertvoll, da unser Körper sie direkt zu „Herzschutzfaktoren" verarbeiten kann. Doch Matjes hat noch mehr zu bieten: nämlich einen hohen Gehalt an einfach ungesättigten Fettsäuren. Das sind diejenigen, welche den Cholesterinspiegel günstig beeinflussen. Sie senken das „schlechte" LDL und behindern seine Oxidation, die zur berüchtigten Plaquebildung führt, und

erhöhen das „gute" HDL, das für den Abtransport von LDL aus dem Blutkreislauf in die Leber verantwortlich ist.

Der Gehalt an einfach ungesättigten Fettsäuren sowie an EPA und DHA ist natürlich umso höher, je fetter der Fisch ist – und zu den fettreichsten Fischen zählt der Hering. Matjes ist also Fisch mit dem optimalen Fettgehalt. Mit seinem hohen Gehalt an einfach ungesättigten Fettsäuren, EPA und DHA sowie dem sehr geringen Anteil von Omega-6-Fettsäuren ist Matjes für das Fettsäure-Tuning herzlichst zu empfehlen!

Zum Schluss noch eine wichtige Empfehlung: Holländischer Matjes sollte keinesfalls gewässert oder abgespült werden! Das würde nur den ungemein feinen Geschmack aus dem Fisch lösen. Also: Nie einen Matjes wässern, sondern ihn mit all seinen Aromen einfach nur – genießen!

Guten Appetit!

Fingerfood – die legere Art, Matjes zu naschen

Unkompliziertheit in Zubereitung und Essen – die pure Lust, leckere Häppchen aus den Fingern zu essen! Das bietet sich gerade bei Matjes an – hier sind die besten Ideen zu allen Gelegenheiten...

Pommes Chips
mit Matjesstickers
und Tomatenmayo

schmeckt auch Kindern

Für 4 Portionen

750 g festkochende Kartoffeln
8 Matjesfilets
2 l Pflanzenöl
100 g Mayonnaise
4 EL Tomatenketchup
1 EL Chiliketchup
Salz
Schwarzer Pfeffer
1 Prise Zucker
1 Prise Chilipulver

Außerdem:
1 Päckchen Partystickers

1 Die Kartoffeln waschen, schälen und auf einem Gemüsehobel in dünne Scheiben schneiden. Dann unter fließend kaltem Wasser abspülen und auf einem Küchentuch abtropfen lassen.

2 Die Matjesfilets mit Küchenpapier abtupfen und in etwa 2 cm große Rauten schneiden. Jede Matjesraute mit einem Partysticker durchstechen und alles auf vier Teller verteilen.

3 Das Pflanzenöl in einer Friteuse oder in einem Topf auf etwa 180 °C siedend heiß erhitzen. Inzwischen die Mayonnaise mit Tomaten- und Chiliketchup verrühren und mit Salz, Pfeffer und einer Prise Zucker würzen. In Portionsschälchen füllen.

4 Die Kartoffelscheiben möglichst einzeln in das heiße Fett geben (sonst kleben sie aneinander). Mit einem Schaumlöffel öfter wenden und in 2 bis 3 Minuten knusprig und goldbraun backen. Herausnehmen und in einer Schüssel mit Salz, Pfeffer und Chilipulver vermengen.

5 Pommes Chips und die Saucenschälchen zu den Matjesstickern auf die Teller geben.

Zeit: 45 Minuten

Variation

Matjesrauten auf die Pommes Chips legen, mit einem Klecks Tomatenmajo garnieren und auf einem Servierteller anrichten – dann können sie als Häppchen, beispielsweise auf einem Stehempfang, serviert werden.

Happy Spoons
mit Avocadodip

Exotisch-würzig

1 Das Koriandergrün waschen, von den Stielen zupfen und fein hacken. Die Chilischote säubern, entkernen und fein würfeln. Die Fleischtomate blanchieren, häuten, entkernen und das Fruchtfleisch in kleine Würfel schneiden.

2 Die Avocados schälen und grob würfeln. Zusammen mit der sauren Sahne und dem Zitronensaft im Küchenmixer fein pürieren. Mit Salz und Pfeffer würzen. Jeweils die Hälfte Koriander, Chili- und Tomatenwürfel unterheben.

3 Die Matjesfilets mit Küchenpapier leicht abtupfen und anschließend in etwa 1 cm große Rauten schneiden.

4 Auf je einen Porzellanlöffel einen Teelöffel Avocadomus geben. Darauf 2 bis 3 Matjesstücke anrichten und diese mit Avocadomus überziehen. Mit restlichen Chili- und Tomatenwürfel sowie Koriandergrün garnieren. Leicht mit Chilipulver oder Paprikapulver bestäuben.

Zeit: 30 Minuten

Für 16 Löffel

1/2 Bund Koriandergrün
1 kleine Chilischote
1 Fleischtomate
2 reife Avocados
100 g saure Sahne
Saft von 1/2 Zitrone
Salz, schwarzer Pfeffer
4 Matjesfilets
Chilipulver oder Paprikapulver

Außerdem:
16 asiatische Porzellanlöffel

Variation

Anstatt Koriandergrün Petersilie oder Schnittlauch verwenden.
Als Deko kleine Tortillachips in das Avocadomus stecken. Zusätzlich eine Schale Chips dazu reichen.

Mediterrane
Matjes-Sandwiches

Italienischer Doppeldecker
Rezept zum Foto

Fingerfood

1 Den Backofen auf 50 °C vorheizen. Die Strauchtomaten blanchieren, abschrecken, häuten und in Viertel schneiden.

Für 4 Sandwiches

2 Die Tomatenviertel entkernen und in eine Auflaufform nebeneinander legen. Mit Salz und Pfeffer würzen und mit Olivenöl beträufeln. Im vorgeheizten Ofen in etwa 40 Minuten garen.

4 Strauchtomaten
Salz, weisser Pfeffer
4 EL Olivenöl
100 g Rucola
8 große Basilikumblätter
4 Matjesfilets
4 Baguette-Brötchen

3 Inzwischen Rucola sowie Basilikum waschen und abtropfen lassen. Die Matjesfilets trockentupfen und schräg in mundgerechte Stückchen schneiden.

4 Die Baguette-Brötchen längs durchschneiden und mit Rucola, Basilikum, Tomaten und Matjes füllen.

Zeit: 45 Minuten

Variationen

Für Sandwichliebhaber sind verschiedene schnelle Möglichkeiten anzubieten: Anstatt frischer Strauchtomaten getrocknete, in Olivenöl eingelegte Tomaten in Streifen schneiden und diese verwenden.

Frisches Basilikum kann durch Pesto ersetzt werden. Zusätzliche Matjeshappen mit grüner oder schwarzer Olivenpaste (Fertigprodukt) belegen.

Fladenbrot mit Hummus und Matjes

Arabische Gelüste

Fingerfood

Für 2 Portionen

1 Knoblauchzehe
½ frische Chilischote
½ Bund glatte Petersilie
etwa 250 g gekochte
Kichererbsen (Dose,
Abtropfgewicht 260 g)
4 EL Olivenöl
Saft von ½ Zitrone
½ TL Kreuzkümmel
Salz, schwarzer Pfeffer
1 Prise Chilipulver
½ großes Fladenbrot
(oder 2 kleinere Portionsbrote)
etwa 6 Blätter Römersalat
½ Zwiebel
2 Matjesfilets

1 Den Backofen auf 180 °C (Umluft 160 °C) vorheizen. Die Knoblauchzehe abziehen. Die Chilischote säubern und entkernen. Die Petersilie waschen und von den Stielen zupfen. Die Kichererbsen kurz abspülen und abtropfen lassen.

2 Alle vorbereiteten Zutaten in einer Küchenmaschine mit Olivenöl, Zitronensaft und Kümmel pürieren. Mit Salz, Pfeffer und Chilipulver würzen.

3 Das Fladenbrot in zwei Stücke schneiden, quer ein-, aber nicht durchschneiden und im vorgeheizten Backofen kurz erwärmen.

4 Den Salat waschen, die Zwiebel abziehen und beides in dünne Streifen schneiden. Die Matjesfilets trockentupfen und in etwa ½ cm breite Stücke schneiden. Die Fladenbrote innen mit Hummus bestreichen. Salat, Zwiebeln und Matjes einfüllen.

Zeit: 20 Minuten

Tipp

Hummus ist ein Püree aus eingeweichten, gekochten Kichererbsen, das mit Zitronensaft, Olivenöl und Gewürzen abgeschmeckt wird, oftmals auch zusätzlich mit geröstetem, gemahlenem Sesam. Diese Paste ist in allen orientalischen Geschäften als Fertigprodukt erhältlich und ist als Dip in der arabisch-kulinarischen Welt ein Muss.

Grünes Matjesmus auf Walnusstalern

Feudales Streetfood – vielleicht zu einem Schlückchen Sekt?

1 Die Matjesfilets trockentupfen und klein schneiden. Die Schalotte abziehen und grob würfeln. Die Petersilie waschen und von den Stielen abzupfen.

2 In einer Küchenmaschine Matjes, Schalotte, Petersilie und Oliven mit der Mayonnaise und dem Zitronensaft grob pürieren. Mit Salz und Pfeffer würzen.

3 Mit einer runden Plätzchenform aus den Brotscheiben Taler ausstechen. Diese mit dem Mus belegen, leicht mit Paprika bestäuben und mit Walnusshälften garnieren.

Zeit: 20 Minuten

Für 4 kleine Portionen

2 Matjesfilets
1 Schalotte
½ Bund glatte Petersilie
50 g grüne, entsteinte Oliven
2 EL Mayonnaise
1 TL Zitronensaft
Salz, schwarzer Pfeffer
4 bis 5 Scheiben Walnussbrot

Für die Garnitur:
scharfes Paprikapulver
Walnusshälften

Tipp

Wenn Sie nicht über eine Küchenmaschine verfügen sollten – einfach alle Zutaten sehr fein hacken und vermischen.

Deutscher Matjes dank Spanien

Die deutsche Heringsfischerei in Emden kam im 16. Jahrhundert durch die Kriegswirren des spanischen Herzogs Alba zustande. Erst im Jahr 1713 – also mehr als hundert Jahre später – konnten die Holländer ihre Häfen wieder richtig benutzen, um Hering zu fischen. Mittlerweile hatte man sich jedoch ein Ausweichquartier gesucht die Stadt Emden. Die Holländer führten hier die Kunst der Matjesverarbeitung ein.

Matjes mit Tzatziki und Fladenbrot

Kulinarische Grüße aus Griechenland
Rezept zum Foto

Für 4 Portionen

1 Salatgurke
Salz
2 Knoblauchzehen
300 g Sahnejoghurt
1 Bund Dill
1 El Zitronensaft
1 El abgeriebene
Zitronenschale (unbehandelt)
Salz
Pfeffer aus der Mühle
4 Matjesfilets

Außerdem: 1 Fladenbrot

1 Die Gurke schälen, längs halbieren und die Kerne mit einem Teelöffel herauskratzen. Die Gurkenhälften grob raspeln und salzen. Die Knoblauchzehen abziehen und in den Joghurt pressen.

2 Den Dill waschen, von den Stielen zupfen und fein hacken. Den entstandenen Gurkensaft ausdrücken und die Gurkenraspel zusammen mit dem Dill unter den Joghurt rühren.

3 Das Tzatziki mit Zitronensaft und -schale sowie mit Salz und Pfeffer würzen. Die Matjesfilets trockentupfen und mit dem Tzatziki auf Tellern anrichten. Das Fladenbrot in Streifen schneiden und dazu reichen.

Zeit: 15 Minuten

Variation

Vom Teller in die Hand: ganz einfach! Schneiden Sie das Fladenbrot wie eine Torte in vier Stücke. Jedes Brotstück tief ein-, aber nicht durchschneiden, die Brotinnenseiten mit Naturjoghurt bestreichen, salzen und pfeffern. Salatgurke und Knoblauch in dünne Scheibchen schneiden und mit den Matjesstücken vermischt in die Brote füllen. Besonders gut: das Brot vor dem Füllen knusprig rösten!

Weiße Sandwichtürme mit Meerrettichsahne

Ein bisschen hochstapeln...

Für 8 Türme

2 Scheiben Weißbrot
2 Scheiben Vollkornbrot
2 Scheiben Dreikornbrot
1 EL zimmerwarme Butter
1 TL gemischte Kräuter (TK)
50 g Quark
1 TL Tomatenmark
Salz, schwarzer Pfeffer
1 EL Frischkäse
2 Matjesfilets
4 dünne Scheiben Roastbeef
100 g dünn geschnittene
Gurkenscheiben
4 Kopfsalatblätter

Außerdem:
200 g Sahne
1 EL Meerrettich
8 bunte Cocktailsticker
1 EL gehackte Pistazienkerne

1 Die Brotscheiben aufeinander legen und entrinden. Die Butter mit Kräutern verrühren und auf zwei Brotscheiben streichen. Den Quark mit Tomatenmark, Salz und Pfeffer verrühren und auf zwei Scheiben streichen. Die letzten zwei Scheiben mit Frischkäse bestreichen.

2 Die Matjesfilets sowie das Roastbeef in dünne Streifen schneiden. Die Salatblätter waschen und trockentupfen. Die sechs Brotscheiben zu je drei Stück aufeinanderstapeln und diese abwechselnd mit Roastbeef und Gurke sowie mit Salatblättern und Matjes füllen.

3 Jedes Sandwich in vier Teile schneiden. Die Sahne steif schlagen und mit Meerrettich verrühren. Die Sandwichtürme wie bei einer Sahnetorte rundherum mit der Meerrettichsahne bestreichen. Mit Cocktailstickern durchstechen und mit Pistazien bestreuen.

Zeit: 20 Minuten

Schinkentüten mit Matjes und Senf-Soleiern

Ein Party-Blickfang

1 Die Eier in 10 Minuten hart kochen, kalt abschrecken und mit einer Nadel mehrmals einstechen. Die Zwiebel abziehen und in Streifen schneiden. Zusammen mit 1 l Wasser, Salz und Kümmel etwa 10 Minuten offen kochen; abkühlen lassen.

2 Die Eier mit dem kalten Sud begießen und für 2 bis 3 Tage in den Kühlschrank stellen. Für die Sauce den Senf mit Eigelben cremig rühren und teelöffelweise mit Olivenöl verschlagen. Mit Sherryessig, Zitronensaft, Zucker, Salz und Pfeffer würzen. In vier Portionsschalen verteilen.

3 Den Reis in 150 ml Salzwasser aufkochen und etwa 15 Minuten quellen lassen. Die Petersilie waschen, von den Stielen zupfen und fein hacken. Den Reis abgießen und abkühlen lassen.

4 Die Matjesfilets trockentupfen und in feinste Streifen schneiden. Zusammen mit Petersilie, Walnüssen, Reis und Mayonnaise verrühren. Mit Salz, Pfeffer und Oregano würzen.

5 Die Schinkenscheiben halbieren. Je eine Tüte formen und diese mit der Matjesmischung füllen. Eventuell mit Zahnstochern oder Partystickern fixieren. Die Eier schälen, halbieren und restliche Matjesfüllung zur Garnierung auf die Eier geben. Zusammen mit den Schinkentüten auf Tellern anrichten. Dazu die Senfsauce zum Dippen reichen.

Zeit: 40 Minuten
Zeit zum Ziehen: 2 bis 3 Tage

Für 4 Portionen

Für die Soleier:
8 Eier (Größe M)
1 Zwiebel
2 EL Salz
1 TL Kümmel

Für die Senfsauce:
1 EL scharfer Senf
2 Eigelbe (Größe M)
1/8 l Olivenöl
1 EL Sherryessig
1 Spritzer Zitronensaft
1 Prise Zucker
Salz, schwarzer Pfeffer

Für die Schinkentüten:
50 g Reis
Salz
1/2 Bund glatte Petersilie
2 Matjesfilets
50 g gehackte Walnüsse
150 g Mayonnaise
schwarzer Pfeffer
1/2 TL getrockneter Oregano
6 große Scheiben Kochschinken

Matjes-Temaki

Euro-asiatischer Genuss
Rezept zum Foto

Für 4 Portionen

300 g Sushi-Reis
1 Päckchen Sushi-Gewürz
(Säurungsmittel in Pulverform)
1 kleines Packet Nori-Blätter
1 kleine Dose Wasabi
(japanischer grüner Meerrettich
in Pulverform)
8 Matjesfilets

Außerdem:
1 kleines Glas
eingelegter Ingwer
und ein Fläschchen Sojasauce

1 Den Sushi-Reis gut waschen, mit 9 Tassen kaltem Wasser in einen Topf geben und in etwa 20 Minuten gar kochen. Dann herausnehmen, abkühlen lassen und mit dem Sushi-Gewürz mischen. Die Nori-Blätter in Dreiecke von etwa 8 cm Kantenlänge schneiden.
2 Den Wasabi mit etwas Wasser anrühren. Die Matjesfilets trockentupfen und in feine Streifen schneiden.
3 Die Nori-Blätter zu kleinen Tüten aufrollen. In jede Tüte etwas Reis füllen, mit einer Messerspitze Wasabi würzen und Matjesstreifen hineinlegen. Die Temaki mit Ingwer, Wasabi und Sojasauce servieren.

Zeit: 40 Minuten

Variation

Man kann mit Hilfe einer Bambusmatte den Matjes auch in den Reis einrollen oder den Matjes auf ein Reisbällchen legen und mit Nori-Blätter verzieren.

Nussige Wrap-Matjes

Von der Hand in den Mund

Fingerfood

38

Für 2 Portionen

1 kleine Möhre
100 g Knollensellerie
4 Zweige Petersilie
4 Blätter Eisbergsalat
100 g Mayonnaise
100 g Naturjoghurt
1 TL Zitronensaft
50 g gehackte Walnusskerne
Salz, schwarzer Pfeffer
4 Matjesfilets
4 Weizenmehl-Tortillas
(erhältlich in gut sortierten
Supermärkten)

1 Die Möhre sowie den Sellerie schälen und in feine Streifen schneiden. Die Petersilie waschen, von den Stielen zupfen und grob hacken. Die Salatblätter waschen und in Streifen schneiden.

2 Mayonnaise mit Naturjoghurt und Zitronensaft verrühren. Gemüsestreifen und Walnüsse unterheben. Mit Salz und Pfeffer würzen.

3 Die Matjesfilets auf Küchenpapier entfetten und in dünne Streifen schneiden. Die vier Tortillas etwas anwärmen, auf einer Arbeitsfläche auslegen und darauf den Majo-Salat großflächig verteilen. Salat- und Matjesstreifen darüber streuen.

4 Die Tortillas an zwei Seiten etwa 1 cm weit einschlagen und fest aufrollen.

Zeit: 30 Minuten

Info

Die Wraps zum Essen halb in Alufolie einschlagen. So bleiben sie besser in Form und eventuelle Kleckerei geht in die Folie ...
Gefüllte Wraps dürfen nicht lange liegenbleiben, denn sonst weicht der Teig durch. Besser á la minute herstellen.

Matjes-Happen mit Garnelen

Ein leckerer Bissen – und schwupp ist er weg

1 Das Matjesfilet trockentupfen und sehr fein hacken. Das Koriandergrün waschen, von den Stielen zupfen und fein hacken.
2 Mayonnaise mit Ketchup und Zitronensaft verrühren. Mit Salz und Pfeffer würzen. Nach und nach Matjes, 3/4 der Krabben und Koriander unterrühren.
3 Die Mischung in die Törtchen füllen und mit je einer Krabbe garnieren.

Zeit: 20 Minuten

Für 2 Portionen

1 Matjesfilet
2 Stängel Koriandergrün
3 EL Mayonnaise
1 EL Chili-Tomatenketchup
1 bis 2 Spritzer Zitronensaft
Salz, schwarzer Pfeffer
100 g Nordseekrabben

Außerdem:
16 kleine Cocktailtörtchen
(essbare Teigschälchen)

Alternative

Teigschälchen in allen Größen gibt es in vielen Supermärkten. Sollten Sie keine bekommen, können Sie alternativ aus Brotscheiben Plätzchen ausschneiden und mit dem Matjes-Krabben-Salat belegen. Das sieht hübsch aus und schmeckt auch sehr lecker.

Heringspacken vor aller Augen

Damit an Bord der Heringsfänger keine Mauscheleien stattfanden, führte man in Holland schon sehr frühzeitig das öffentliche Packen der Heringsfässer ein. Das Maß der Tonnen, die Zeit des Fangs – alles war genau vorgeschrieben. Die Tonnen mussten auf offener Straße gepackt werden, damit jeder sehen konnte, was mit dem Fisch geschah ...

F(r)ischekicks ... und die Sonne lacht

Mal so richtig Energie auftanken und danach voll durchstarten? Dann sind die Rezepte aus diesem Kapitel gerade richtig! Ein Korb voll Vitamine aus knackigen Salaten und Kräutern ... dazu die gesunden Eigenschaften von Matjes: das ist die Frischedusche für alle Sinne.

Matjes-Töpfchen

Für italophile Gelüste

Für 2 Portionen

2 Fleischtomaten
100 g Rucola
2 Matjesfilets
50 g frische Champignons
50 g getrocknete Tomaten in Olivenöl
4 EL Olivenöl
2 EL weißen Aceto Balsamico
Salz, schwarzer Pfeffer
50 g Ricotta
50 g saure Sahne

1 Die Tomaten waschen. Von jeder Tomate einen großen Deckel abschneiden und das Fruchtfleisch herauslösen. Den Rucola waschen, abtropfen lassen und einen kleinen Teil davon fein hacken.

2 Die Matjesfilets mit Küchenpapier abtupfen und in etwa $1/2$ cm breite Streifen schneiden. Die Champignons putzen und feinblättrig schneiden. Die getrockneten Tomaten in Streifen schneiden.

3 Rucolablätter zusammen mit getrockneten Tomaten und der Hälfte Champignons mit Olivenöl, Aceto, Salz und Pfeffer locker vermengen. Auf vier Teller verteilen.

4 Ricotta mit saurer Sahne verrühren und mit Salz und Pfeffer würzen. Gehackten Rucola, restliche Champignons und Matjes unterheben. Mit einem Löffel in die Tomatentöpfchen füllen. Die Deckel darauf setzen.

Zeit: 30 Minuten

Variation

Nach nostalgischer Art die Tomatentöpfchen mit Mayonnaisetupfern garnieren.

Teufelseier
mit Matjestartar

Raffiniertes, feuriges Fischkleid

1 Die Eier in kochendem Wasser in 10 Minuten hart kochen. Inzwischen die Matjesfilets trockentupfen und sehr fein hacken. Zusammen mit Dill, Zitronensaft, Salz und Pfeffer locker vermengen.

2 Die Eier kalt abschrecken, schälen und längs halbieren. Die Eigelbe herauslösen und mit Mayonnaise, Chiliketchup, Tabasco Sauce, Salz und Pfeffer cremig rühren. Die Eicreme in einen Spritzsack füllen und in die Eihälften spritzen.

3 Das Kopfsalatherz entblättern, waschen und trockenschleudern. Aus Sherryessig, Salz, Pfeffer und Olivenöl eine Marinade rühren und den Salat darin wenden. Die Salatblätter auf zwei Tellern breitflächig anrichten. Das Tartar jeweils in der Tellermitte verteilen und rundherum die Teufelseier setzen. Alles leicht mit Paprikapulver bestäuben.

Zeit: 25 Minuten

Für 2 Portionen

2 Eier (Größe L)
4 Matjesfilets
1 TL gehackter Dill
Saft von ½ Zitrone
Salz, schwarzer Pfeffer
1 EL Mayonnaise
1 EL Chiliketchup
1 Spritzer Tabasco Sauce
1 Kopfsalatherz
1 EL Sherryessig
2 EL Olivenöl
rosenscharfes Paprikapulver

Der richtige Zeitpunkt

Früher begann der Heringsfang am Johannistag, dem 24. Juni, und dauerte genau vier Wochen. Die zweite Fangsaison für den Winterhering begann am Tag des Erzengels Michael, also am 29. September. Sie dauerte bis zum Martinstag, der am 11. November begangen wird.

Die erste Ausfahrt war stets mit einem großen Fest verbunden, das alle Bewohner der Küstendörfer anlockte.

Red Lady
mit Meeresjungfrauen

Optik und Geschmack: phänomenal
Rezept zum Foto

44

Für 2 Portionen

1 kleine, rote Zwiebel
150 g rote Linsen
3 EL Pflanzenöl
300 ml Gemüsebrühe (Instant)
1 kleiner Radicchio
2 Tomaten
4 Matjesfilets
3 EL Walnussöl
2 EL Sherryessig
Salz, schwarzer Pfeffer
4 Scheiben Frühstücksspeck

1 Die Zwiebel abziehen und fein würfeln. Die Linsen waschen und abtropfen lassen. Das Pflanzenöl in einem Topf erhitzen und darin die Zwiebelwürfel andünsten. Die Linsen hinzufügen und nach etwa 2 Minuten mit Brühe aufgießen.

2 Die Linsen einmal aufkochen und dann bei kleiner Hitze etwa 8 Minuten dünsten; anschließend abkühlen lassen. Den Radicchio putzen, waschen, abtropfen lassen und die Blätter in Streifen schneiden.

3 Die Tomaten blanchieren, häuten, entkernen und das Fruchtfleisch in Streifen schneiden. Die Matjesfilets abtupfen und je nach Belieben ganz lassen oder in kleinere Stücke schneiden.

4 In einer Schüssel Radicchio- und Tomatenstreifen mit Walnussöl, Sherryessig, Salz und Pfeffer anmachen. Salat auf zwei großen Tellern anrichten und löffelweise mit den Linsen überziehen.

5 Den Speck in einer beschichteten Pfanne auf beiden Seiten knusprig braten und zusammen mit den Matjesfilets auf den Salattellern anrichten.

Zeit: 30 Minuten

Variation
Unter den Salat zusätzlich dünn geschnittene Möhrenstreifen und gekochte Kartoffelscheiben mischen. Mit Walnussbrot ist das eine perfekte Mahlzeit.

Geeister Weinkräutermatjes mit Gemüse und Limettensauce

Eiskalter Genuss mit Frischedusche

Für 2 Portionen

½ Bund gemischte Kräuter
(Schnittlauch, Dill, Petersilie,
Pimpernelle, etc.)
100 ml trockener Weißwein

Für die Sauce:
1 Limette
3 Eigelbe (Größe S)
3 EL trockener Weißwein
etwa 1 EL Limettensaft
100 g Butter
Salz, weißer Pfeffer
Worcestershire Sauce

Außerdem:
etwas Fenchel, Möhren
und Zucchini
in feine Stäbchen geschnitten
4 Matjesfilets

1 Die Kräuter waschen, teilweise die Stiele entfernen und grob hakken. Zusammen mit Weißwein und Wasser in Eiswürfelbehälter füllen und gefrieren lassen.

2 Für die Sauce die Limette heiß abwaschen und fest abreiben. Dann mit einem Zestenreißer feinste Streifen von der Schale abziehen.

3 Die Eigelbe mit dem Weißwein in einer hitzebeständigen Schüssel über einem heißen Wasserbad solange rühren, bis die Masse cremig ist. Inzwischen die Butter in einem kleinen Topf zerlassen.

4 Die Eicreme kalt rühren und teelöffelweise die Butter unterziehen. Mit etwas Limettensaft, Salz, Pfeffer und Worcester Sauce würzen. Zuletzt einige Limettenstreifen unter die Sauce heben. Nochmals abschmecken und in zwei Portionsschälchen verteilen.

5 Die Kräuter-Eiswürfel auf zwei tiefe Teller oder Schüsseln verteilen. Die Matjesfilets kurz abtupfen und in mundgerechte Häppchen schneiden. Auf dem Eis hübsch anrichten und dazwischen die Gemüsestäbe stecken. Der Limettensauce zum Dippen dazu servieren.

Zeit: 30 Minuten
Plus Gefrierzeit

Flämischer Endiviensalat

Perfekte Mahlzeit für den Energieschub

1 Die Kartoffeln waschen und in Salzwasser mit einer Prise Kümmel gar kochen. Inzwischen die Kräuter waschen, Petersilie und Dill von den Stängeln zupfen und hacken. Den Schnittlauch in Röllchen schneiden.

2 Die Kräuter mit saurer Sahne verrühren. Die Matjesfilets trockentupfen und in etwa 1 cm große Stücke schneiden. Den Endiviensalat putzen, waschen, trockenschleudern und in Streifen schneiden.

3 Die Kartoffeln abgießen, kurz ausdampfen lassen, schälen und in mundgerechte Stückchen schneiden. In einer Schüssel Zitronenessig und Pflanzenöl verrühren. Die Zwiebel abziehen und dazu reiben. Die Marinade mit Salz, Pfeffer und Zucker würzen.

4 Kartoffeln, Matjes und Salatstreifen mit der Marinade locker vermengen. Den Salat auf zwei Teller verteilen und mit der Kräutersahne überziehen.

Zeit: 40 Minuten

Für 2 Portionen

400 g festkochende Kartoffeln
Salz
1 Prise Kümmel
je ¼ Bund gemischte Kräuter
(Schnittlauch, Petersilie, Dill)
100 g saure Sahne
4 Matjesfilets
½ Kopf Endiviensalat
3 EL Zitronenessig
2 EL Pflanzenöl
1 kleine Zwiebel
weißer Pfeffer
1 Prise Zucker

überleben mit Matjes

Im Jahre 1574 wurde die Stadt Leiden von den Spaniern belagert und der Bevölkerung drohte der Hungertod. Da fasste Wilhelm von Oranien, der Heerführer der protestantischen Liga, einen Plan: Er ließ am 2. und 3. Oktober die Deiche des Rheins durchstechen und das Wasser brauste heran – die Spanier flohen in heller Panik. Da Leiden auf einer leichten Anhöhe lag, wurde die Stadt von den Fluten umspült und Wilhelm von Oranien konnte bis in die Stadt segeln. Er hatte Heringe für die notleidende Bevölkerung an Bord und wendete so die Hungersnot ab. Dieses Ereignis wird noch heute jedes Jahr mit einem prächtigen Matjesfest gefeiert.

Chicorée mit Senfmatjes und Kaviarherzen

Ein F(r)ischekick mitten in's Herz
Rezept zum Foto

Für 2 Portionen

2 Eier
2 Fleischtomaten
2 Frühlingszwiebeln
2 Chicorée
2 Matjesfilets
100 g Sahne
1 TL scharfer Senf
1 Prise Currypulver
Salz, schwarzer Pfeffer
1 EL Zitronensaft
1 säuerlicher Apfel

Außerdem:
3 Scheiben Pumpernickel
1 EL Frischkäse
1 EL roter Ketakaviar
(Forellenkaviar)

1 Die Eier in 10 Minuten hart kochen. Inzwischen die Tomaten blanchieren, häuten, entkernen und das Fruchtfleisch in Streifen schneiden. Die Frühlingszwiebeln putzen und fein würfeln.

2 Die Eier kalt abschrecken, schälen und fein hacken. Den Chicorée putzen, dabei den bitteren Kern keilförmig herausschneiden und das Wurzelende 1 cm breit abschneiden. Den Salat in Streifen schneiden, waschen und gut abtropfen lassen.

3 Die Matjesfilets in feinste Streifen schneiden. Die Sahne mit Senf, Curry, Salz, Pfeffer und Zitronensaft kräftig würzen.

4 Den Apfel schälen, achteln, entkernen und in Stifte schneiden. Alle vorbereiteten Zutaten in einer Schüssel locker vermengen und auf zwei Tellern anrichten.

5 Mit einer Plätzchenform aus dem Pumpernickel Herzen ausstechen. Diese mit Frischkäse bestreichen, mit Kaviar belegen und auf den Tellern anrichten.

Zeit: 30 Minuten

Fruchtiger Vitaminsalat mit Schinkengriffeln

süß-säuerlicher Gusto

Für 2 Portionen

1 Zwiebel
200 g Weißkohl
2 Scheiben Ananas mit Saft (Dose)
2 Matjesfilets
50 Mayonnaise
100 g saure Sahne
2 EL zerstoßene Pinienkerne
Salz, weißer Pfeffer
1 Prise Cayennepfeffer
1–2 Tropfen Tabasco Sauce
1 Kästchen Kresse

Außerdem:
4 hauchdünne Scheiben Parmaschinken
4 Grissini

1 Die Zwiebel abziehen und den Weißkohl putzen. Beides auf einer Küchenreibe in hauchdünne Streifen schneiden. Die Ananas abtropfen lassen, den Saft dabei auffangen und das Fruchtfleisch in kleine Ecken schneiden.

2 Die Matjesfilets trockentupfen und in schmale Streifen schneiden. In einer Schüssel Mayonnaise, saure Sahne, etwa zwei Esslöffel Ananassaft und die Hälfte Pinienkerne verrühren. Mit Salz, Pfeffer, Cayennepfeffer und Tabasco würzen.

3 Zwiebel, Weißkohl, Ananas und Matjes mit der Marinade locker vermengen. Zum Durchziehen für etwa 20 Minuten in den Kühlschrank stellen.

4 Den Salat auf zwei Teller verteilen und mit restlichen Pinienkernen bestreuen. Die Kresse aus dem Kästchen schneiden, säubern und als Garnitur verwenden.

5 Je eine Scheibe Schinken um ein Grissini wickeln und seitlich auf die Teller legen.

Zeit: 30 Minuten
Zeit zum Durchziehen: 20 Minuten

Bunter Salat
mit Matjes-Speckcrosti

Der Power-Mix macht's

1 Die Brotscheiben in den kalten Ofen legen und diesen auf 200 °C (Umluft 180 °C) einschalten. Das Brot etwa 15 Minuten im Ofen lassen. Inzwischen den Speck fein würfeln, die Matjesfilets trockentupfen und sehr fein hacken. Den Schnittlauch abspülen, in Röllchen schneiden.

2 Den Feldsalat putzen, waschen und trockenschleudern. Spargelspitzen und Mais auf einem Sieb abtropfen lassen. Die Paprikaschote waschen, entkernen und in $1/2$ cm breite Stücke schneiden.

3 Die Brotscheiben diagonal vierteln und mit Speck belegen. Zurück in den Ofen geben und in 10 bis 15 Minuten den Speck knusprig braten.

4 Inzwischen die Oliven vierteln. Mit einem elektrischen Handrührgerät Eigelb und Senf cremig rühren. Teelöffelweise das Olivenöl unterrühren und unter diese Creme den Sherryessig schlagen. Mit Salz, Pfeffer und dem Orangensaft würzen.

5 In einer Schüssel die Hälfte des Schnittlauchs, Oliven, Feldsalat, Maiskörner, Spargelspitzen und Paprikastücke zusammen mit der Marinade locker vermengen. Auf zwei Teller verteilen. Die Speck-Crosti aus dem Ofen nehmen, Matjes und restlichen Schnittlauch darauf verteilen und rund um die Salate anrichten.

Zeit: 30 Minuten

Für 2 Portionen

2 Scheiben Toastbrot
50 g geräucherter Speck
2 Matjesfilets
$1/2$ Bund Schnittlauch
1 Handvoll Feldsalat
100 g Spargelspitzen (Glas)
100 g Gemüsemais (Dose)
$1/2$ rote Paprikaschote
etwa 10 Oliven
(mit Paprika gefüllt)
1 Eigelb
$1/4$ TL scharfer Senf
50 ml Olivenöl
2 EL Sherryessig
Salz, schwarzer Pfeffer
1 EL Orangensaft

Auf Herings-gräten erbaut

Im 17. und 18. Jahrhundert wurde Holland zum mächtigsten Heringsfangplatz der damaligen Welt – die niederländischen Heringsbarone machten ein Vermögen! Ein Spruch aus dieser Zeit besagt, dass Amsterdam eigentlich auf Heringsgräten erbaut sei ...

Gurkensüppchen mit Matjes

Sommerliche Erfrischung
Rezept zum Foto

Für 4 Portionen

1 Salatgurke
Salz
3/4 l kalte Gemüsebrühe
100 g saure Sahne
50 g Kräuter-Crème fraîche
grob geschrotener
schwarzer Pfeffer
1 TL Champagneressig

Für die Einlage:
2 Matjesfilets
1/2 Bund Schnittlauch
4 Radieschen
4 Scheiben Toastbrot
1 EL Butter
4 TL Crème fraîche
4 Stiele Kerbel

Außerdem:
Zerkleinertes Eis oder Eiswürfel

1 Die Salatgurke schälen, der Länge nach halbieren, entkernen und klein schneiden. Mit Salz bestreuen und 30 Minuten stehen lassen, damit sie Wasser ziehen kann. Anschließend ausdrücken und abtropfen lassen.

2 Die Gurken in einer Schüssel mit der Gemüsebrühe mischen und auf zerkleinertes Eis stellen. Die Suppe mit saurer Sahne und Kräuter-Crème fraîche aufschlagen. Mit Salz, Pfeffer und Champagneressig würzen.

3 Matjesfilets trockentupfen und in feine Streifen schneiden. Den Schnittlauch abspülen und in feine Röllchen schneiden. Die Radieschen putzen, waschen und fein würfeln. Die Brotscheiben in 1/2 cm große Würfel schneiden und in heißer Butter von allen Seiten knusprig braten.

4 Die gekühlte Suppe in tiefe Teller füllen, die Matjesstreifen, Radieschen und Croûtons daraufgeben. Mit je 1 Teelöffel Crème fraîche toppen und mit Kerbel garnieren. Eiskalt servieren.

Zeit: 40 Minuten

Fischer's Fritz fischt frische Fische ...

Matjes-Party für 8 Schlemmer

Egal, wann Sie Ihre Party planen ... Matjes hat immer Saison! Und das Beste: Alle Rezepte sind gut vorzubereiten – so können Sie ganz ohne Hektik und Stress ihre Party genießen!
Stellen Sie einfach alles auf einen großen Tisch, von dem sich jeder bedienen kann. Dazu vielleicht noch eine nordische Dekoration – hübsch angerichtet mit Sand und Muscheln. Wir wünschen Ihnen gutes Gelingen, viel Spaß und – echten Matjes-Genuss!

Matjes-Shooter zur Begrüßung

Für 8 Schnapsgläser á 4 cl:
2 Matjesfilets
¹/₂ TL frisch gehackter Dill
1 Flasche gekühlter Tomatensaft (0,5l)
Tabasco
Worcestershire
Pfeffer aus der Mühle

1 Die Matjesfilets auf Küchenpapier entfetten und in etwa ¹/₂ cm große Würfel schneiden. Zusammen mit Dill locker vermengen und in einem Schälchen anrichten.
2 Tomatensaft in einer Karaffe mit Tabasco und Worcester nach Geschmack würzen und gut verrühren.
3 Etwas Dill-Matjes in jedes Glas geben und mit gewürztem Tomatensaft auffüllen. Mit Pfeffer übermahlen. Matjes und Tomatensaft reichen für „Nachfüllungen".

Zeit: 10 Minuten

TIpp

Die leeren Schnapsgläser ein bis zwei Stunden in das Gefrierfach stellen. Sie können den Matjes-Shooter auch als Cocktail servieren, dazu Sektschalen oder Tumbler verwenden. Üppig mit Zitronenscheiben und Dillsträußchen garnieren.

Matjes-Roulette mit Kaviarsahne und Eier-Sardellensauce

Zutaten
12 Matjesfilets · 1 rote Zwiebel
200 g Sahne · 1 Gläschen Forellenkaviar
¹/₂ unbehandelte Zitrone
2 gekochte Eigelbe (Größe L)
2 Msp. Sardellenpaste
1 TL scharfer Senf
4 EL Olivenöl · 1 EL Weißweinessig
4 EL Crème fraîche
schwarzer Pfeffer

1 Die Matjesfilets trockentupfen und in mundgerechte Häppchen schneiden. Die Zwiebel abziehen und in hauchdünne Streifen schneiden. Beides locker miteinander vermischen.
2 Die Sahne steif schlagen und den Kaviar unterziehen. Die Zitrone fest abreiben, mit einem Zestenreißer feinste Streifen von der Zitronenschale abziehen und diese als Garnitur verwenden.
3 Die Eigelbe mit Sardellenpaste und mit Senf cremig rühren. Nach und nach Olivenöl, Essig sowie Crème fraîche unterrühren. Mit schwarzem Pfeffer würzen. Alle vorbereiteten Zutaten in Portionsschälchen anrichten.

Zeit: 30 Minuten

Tipp

Besonders schön: Die Schälchen inklusive der Gazpacho und dem Bohnen-Kartoffelsalat auf einer „Lazy Susi", einem roulierenden asiatischen Tischchen, auf dem Esstisch präsentieren.

Gazpacho

Zutaten
4 Fleischtomaten
1 Zwiebel
2 Knoblauchzehen
1 rote Paprikaschote
1 kleine Salatgurke
3 EL Olivenöl
1 TL Weißweinessig
2 Scheiben entrindetes Weißbrot
150 ml kalte Geflügelbrühe
Salz, schwarzer Pfeffer

Zum Servieren:
1 EL frisch gehackter Koriander
1 EL grüne Paprikawürfel
1 EL Croutons (Fertigprodukt)

1 Tomaten blanchieren, häuten und entkernen. Zwiebel und Knoblauchzehen abziehen. Die Paprikaschoten waschen und entkernen. Die Salatgurke schälen und entkernen.
2 Alles Gemüse grob zerschneiden und zusammen mit dem Olivenöl, Essig, Weißbrot und Geflügelbrühe in der Küchenmaschine fein pürieren. Mit Salz und Pfeffer würzen und für 2 Stunden kalt stellen.
3 Die Suppe in Portionsschälchen füllen und mit Koriander, Paprikawürfeln und Croutons bestreut servieren.

Zeit: 40 Minuten
Kühlzeit: 2 Stunden

Partybrötchen mit Speckzwiebeln

Für 16 Stück
1 kleine Zwiebel · 100 g Frühstücksspeck
1 TL Butter
500 g Weizenvollkornmehl
2 Päckchen Backpulver
1 TL Salz · 3 EL Honig
500 g Magerquark · 2 Eier (Größe M)

Außerdem:
Mehl für die Arbeitsfläche
1 Eigelb (Größe M)

1 Die Zwiebel abziehen und fein würfeln. Den Speck klein schneiden und in einer heißen Pfanne auslassen. Butter dazu rühren und die Zwiebelwürfel darin glasig braten; abkühlen lassen.
2 Den Backofen auf 180°C (Umluft 160°C) vorheizen und ein Backblech mit Backpapier auslegen. Mehl, Backpulver, Salz und Honig vermischen. Nach und nach mit Magerquark, Speckzwiebeln und Eiern zu einem Teig verkneten.
3 Aus dem Teig 16 Brötchen formen und diese mit etwas Abstand auf das Backblech setzen. Die Oberflächen mit einem befeuchteten Messer kreuzweise einschneiden.
4 Das Eigelb mit zwei Esslöffeln kaltem Wasser verquirlen und die Brötchen damit bestreichen. Das Blech auf die mittlere Schiene des Ofens schieben und die Brötchen in 30 Minuten backen.

Zeit: 20 Minuten
Backzeit: 30 Minuten

Kartoffel-Bohnensalat
mit Kresse

Zutaten

1 kg festkochende Kartoffeln · Salz
500 g grüne Bohnen (Keniaböhnchen)
2 Kästchen Kresse
1 Zwiebel
100 g Räucherspeckwürfel
1 TL Butter
200 ml Brühe (Gemüse, Fleisch)
3 EL Olivenöl
2 EL Sherryessig
schwarzer Pfeffer
1 TL scharfer Senf

1 Die Kartoffeln waschen und in Salzwasser etwa 25 Minuten garen. Die Bohnen putzen, in Salzwasser 5 Minuten blanchieren, kalt abbrausen und abtropfen lassen.
2 Die Kresse aus den Kästchen schneiden und abspülen. Die Zwiebel abziehen und fein würfeln. Die Kartoffeln abgießen, kurz abkühlen lassen, schälen und in Scheiben schneiden.
3 Die Speckwürfel in einer Pfanne auslassen. Zwiebelwürfel und Butter einrühren. Den Pfanneninhalt kurz schwenken und mit Brühe aufgießen. Einmal aufkochen lassen und den Pfanneninhalt über Kartoffeln und Bohnen gießen.
4 Den Salat mit Olivenöl, Sherryessig, Salz, Pfeffer und Senf würzen. Bei Zimmertemperatur 1 bis 2 Stunden ziehen lassen. Zum Servieren üppig mit Kresse garnieren.

Zeit: 40 Minuten · Zeit zum Durchziehen: 2 Stunden

Ananas-Igel mit Matjes
und Schinken

Zutaten

250 g gekochte Schinkenscheiben
5 Frühlingszwiebeln ·3 Fleischtomaten
8 Matjesfilets ·1 Bund Schnittlauch
4 saftige Babyananas
100 g Miracel Whip (Salatcreme)
1 Hauch Cayennepfeffer
Salz, schwarzer Pfeffer

Für die Garnitur:
1 Packung Salzstangen

1 Den Schinken in feine Streifen schneiden. Die Frühlingszwiebeln putzen und fein würfeln. Die Tomaten blanchieren, häuten, entkernen und das Fruchtfleisch in Streifen schneiden.
2 Die Matjesfilets auf Küchenpapier entfetten und in schmale Streifen schneiden. Den Schnittlauch waschen und in Röllchen schneiden.
3 Die Ananas mit dem Schopf der Länge nach halbieren, das Fruchtfleisch herausschneiden und in schmale Streifen schneiden. Die Hälfte der Ananasstreifen mit den vorbereiteten Zutaten und der Salatcreme locker vermengen. Mit Cayennepfeffer, wenig Salz und Pfeffer würzen und in die Ananashälften füllen. Für die Igel-Garnitur üppig Salzstangen in die Salate stecken.

Zeit: 30 Minuten

Tipp
Restliche Ananas für ein Dessert verwenden.

Aus Pfanne und Wok

Hier erwarten Sie schnelle, unkomplizierte Rezepte, die für jeden Geschmack etwas zu bieten haben. Matjes spielt dabei natürlich die Hauptrolle – aber auch die Nebenrollen sind mit Entrecôte, Kartoffeln, Linsen, Spinat oder Sellerie in Starbesetzung. Probieren Sie's einfach aus und freuen Sie sich auf überraschende Genüsse!

Matjes-Sellerietörtchen mit Curryjoghurt

Ein köstliches Aphrodisiakum

Für 2 Portionen

2 Matjesfilets
150 g Vollmilchjoghurt
1 TL gemischte Kräuter (TK)
Salz, schwarzer Pfeffer
1 Prise gemahlener Curry
1 Sellerieknolle
etwas Zitronensaft
50 g Butterschmalz
2 Eier (Größe S)
Mehl zum Wenden
Semmelbrösel zum Panieren

1 Die Matjesfilets trockentupfen und fein hacken. Zusammen mit Joghurt und Kräutern verrühren. Mit Salz, Pfeffer und Curry würzen.
2 Den Sellerie schälen und in etwa $1/2$ cm dicke Scheiben schneiden. Mit Zitronensaft beträufeln und mit Salz und Pfeffer würzen.
3 In einer großen Pfanne Butterschmalz erhitzen. Die Eier verquirlen. Die Selleriescheiben in Mehl wenden, durch die Eier ziehen und in den Semmelbröseln panieren. Im heißen Butterschmalz auf beiden Seiten scharf anbraten. Die Temperatur zurückschalten und bei geringer Hitze in 8 bis 10 Minuten fertig braten, dabei mehrmals wenden.
4 Die Sellerieschnitzel auf zwei Teller verteilen und mit Matjessahne toppen. Leicht mit Curry bestäuben.

Zeit: 30 Minuten

Beilage

Dazu paßt ein gemischter Salat und knuspriges Baguette.

Quarkmatjes auf Wok-Gemüsegarten

Gesünder geht's nicht

1 Die Matjesfilets trockentupfen und in kleine Stückchen schneiden. Mit Quark und saurer Sahne verrühren. Mit Cayennepfeffer, Salz und Pfeffer würzen. Bis zum Gebrauch in den Kühlschrank stellen.

2 Die Zuckerschoten putzen und in kochendem Salzwasser blanchieren. Kalt abbrausen und abtropfen lassen. Die Austernpilze putzen und etwas kleiner schneiden.

3 Die Paprikaschote waschen, entkernen und in feine Streifen schneiden. Die Sojabohnensprossen waschen und abtropfen lassen.

4 Das Pflanzenöl im Wok erhitzen und darin die Gemüse unter Schwenkbewegungen bissfest braten. Mit Salz und Pfeffer würzen, mit Sherry beträufeln.

5 Das Gemüse breitflächig auf Teller verteilen und löffelweise mit Quark-Matjes belegen. Die Kresse aus den Kästchen schneiden, waschen und darüber streuen.

Zeit: 30 Minuten

Für 2 Portionen

2 Matjesfilets
200 g Kräuterquark
100 g saure Sahne
1 Prise Cayennepfeffer
Salz, schwarzer Pfeffer
100 g Zuckerschoten
100 g Austernpilze
1 rote Paprikaschote
100 g Sojabohnensprossen
3 EL Pflanzenöl
4 cl Sherry
1 Kästchen Kresse

Welches Getränk passt zu Matjes?

Am besten passt Bier! In Holland trinkt man außerdem gern einen Genever zum Matjes – dieser Wacholderbranntwein wird jedoch nie kalt, sondern stets mit Zimmertemperatur serviert.
Auch ein leichter, trockener Weißwein passt gut zu Matjes – und natürlich Mineralwasser.

Matjesfilets mit Speckzwiebeln

Immer wieder gut

Rezept zum Foto

Für 4 Portionen

150 g Frühstücksspeck
2 rote Zwiebeln
1 Handvoll Rucola
50 g Butter
2 EL Pflanzenöl
8 Matjesfilets
schwarzer Pfeffer aus der Mühle

1 Den Speck in feine Streifen schneiden. Die Zwiebeln abziehen und in hauchdünne Ringe schneiden. Rucola putzen, waschen, trockenschleudern und in feine Streifen schneiden.

2 Butter und Öl in einer großen Pfanne erhitzen. Die Speckstreifen und die Zwiebelringe einstreuen und in knapp 10 Minuten goldbraun rösten.

3 Die Matjesfilets trockentupfen und auf vier Tellern anrichten. Rucola unter das Speck-Zwiebelgemisch heben, kurz durchschwenken und über die Matjes verteilen. Mit Pfeffer bestreuen.

Zeit: 30 Minuten

Beilage

Klassisch dazu: Pellkartoffeln.

Variation

In den Kühltheken wird Speck bereits in Würfelchen geschnitten angeboten. Dies ist für den schnellen Hunger oft eine Arbeitserleichterung.
Wenn's mal nicht klassisch sein soll, machen Sie doch einen Kartoffelschnee. Dazu einfach die Pellkartoffeln schälen, noch heiß durch eine Kartoffelpresse auf die Servierteller drücken und zu kleinen Hügeln formen. Darauf das Speck-Zwiebelgemisch mit Rucola geben. Am besten schmeckt es, wenn man beim Essen so langsam alles durchmischt...

Matjes-Leineweber mit grüner Sauce

Herzhafte Mahlzeit

Für 4 Portionen

500 g Kartoffeln
Salz
1 TL Kümmel
1 Bund gemischte Kräuter
(Petersilie, Schnittlauch, Dill,
Pimpernelle, Estragon)
100 g Mayonnaise
200 g saure Sahne
1 EL Zitronensaft
schwarzer Pfeffer
8 Matjesfilets
125 g Mehl
4 Eier
¼ l Milch
frisch geriebene Muskatnuss
5 EL Pflanzenöl
1 EL Butter

Für die Garnitur:
Geschälte,
entkernte Tomatenviertel

1 Die Kartoffeln waschen und in kochendem Salzwasser mit dem Kümmel garen. Inzwischen die Kräuter waschen, Schnittlauch in Röllchen schneiden, übrige Kräuter von den Stielen zupfen und sehr fein wiegen.

2 Mayonnaise mit saurer Sahne, Zitronensaft und gehackten Kräutern verrühren. Mit Salz und Pfeffer würzen. Die Matjesfilets trockentupfen und schräg in etwa 1 cm breite Stücke schneiden.

3 Die Kartoffeln abgießen, ausdampfen lassen, schälen und in Scheiben schneiden. Aus Mehl, Eiern, Milch, einer kräftigen Prise Salz und Muskat einen glatten Pfannenkuchenteig herstellen.

4 Pro Portion ein Viertel der Kartoffelscheiben in Öl und Butter anbraten. Diese mit einer Kelle Teig begießen, stocken lassen, vorsichtig wenden, aus der Pfanne nehmen und warm halten. Alle vier Leineweber so herstellen.

5 Je einen Leineweber auf einen Teller geben, Matjesstücke darauf anrichten und mit grüner Sauce überziehen. Mit Tomatenvierteln garnieren.

Zeit: 60 Minuten

Beilage

Dazu passt am besten Kopfsalat mit einer klassischen Vinaigrette

Pfannenbissen mit Aioli-Matjes

Darüber freuen sich Knoblauchfans

1 Die Matjesfilets trockentupfen und schräg in 1 cm breite Streifen schneiden. Die Knoblauchzehen abziehen und im Mörser oder mit einer flachen Messerklinge mit Salz zerreiben.

2 Zerdrückten Knoblauch mit Eigelben cremig rühren. Das Olivenöl teelöffelweise unterschlagen. Die Aioli mit Zitronensaft abschmecken.

3 Die Brotscheiben in je vier Teile schneiden. In einer Pfanne die Butter erhitzen und darin die Brotstücke auf beiden Seiten knusprig braten. Dabei mit Salz, Cayennepfeffer und Oregano würzen. Auf jeden Pfannenbissen Matjesstücke mit Aioli schichten und servieren.

Zeit: 20 Minuten

Für 2 Portionen

4 Matjesfilets
2 Knoblauchzehen
Salz
2 Eigelbe (Größe M)
100 ml Olivenöl
1 Spritzer Zitronensaft
4 Scheiben Toastbrot
2 EL Butter
1 Hauch Cayennepfeffer
1 Prise getrockneter Oregano

Beilage

Dazu schmeckt ein Rohkostsalat lecker.

Matjes-Rekorde

In Emden wurden mehrfach Rekorde aufgestellt: Zum größten deutschen Matjesfest treffen sich dort stets am letzten Wochenende im Mai zwischen 250 000 und 300 000 Besucher rund um den Delft, um den Matjes zu feiern – mehr als sonst irgendwo in Deutschland.

Emden hält auch den Rekord im „Matjes-Gleichzeitig-Essen", der sogar mit einem Eintrag ins Guinness-Buch der Rekorde belohnt wurde.

An einer langen Tafel verspeisten mehr als 800 Menschen gleichzeitig je einen Matjes – und hielten hinterher den übrig gebliebenen Schwanz des Doppelfilets in die Höhe ...

Eingelegte Matjes

Norwegischer Gusto
Rezept zum Foto

1 Weißweinessig, Apfelsaft, Kandis, Senf und Senfkörner in einer Pfanne verrühren und aufkochen. Die Zwiebel abziehen und fein würfeln.

2 Die Zwiebelwürfeln in den Sud rühren und einmal aufkochen lassen. Die Pfanne beiseite ziehen und den Sud abkühlen lassen.

3 Die Matjesfilets trockentupfen und in mundgerechte Stücke schneiden. Den Dill waschen, von den Stielen zupfen und fein hacken.

4 Matjes und Dill in ein Glas oder eine Schüssel geben und mit kaltem Sud begießen. Die Matjes müssen vollständig vom Sud bedeckt sein, eventuell etwas Wasser zugießen. Das Gefäß verschließen und die Matjes bei Kühlschranktemperatur 24 Stunden ziehen lassen. Die Matjes mit Sud in tiefen Tellern servieren.

Für 2 Portionen

1/8 l Weißweinessig
50 ml Apfelsaft
100 g weißer Kandis
1 EL mittelscharfer Senf
30 g Senfkörner
1 Zwiebel
4 Matjesfilets
1 Bund Dill

Zeit: 30 Minuten

Zeit zum Durchziehen: 24 Stunden

Beilage

Dazu passen Pellkartoffeln, in Butter geschwenkt, oder ein kräftiges, dunkles Brot.

Hinweis

Viele Gerichte der skandinavischen Küche sind durch süß-sauren Geschmack geprägt. Dies liegt aber nicht nur an dem Hang der Skandinavier zum Süßen, der Ursprung ist vielmehr in alten Methoden der Haltbarmachung zu suchen. Fisch gehört in den skandinavischen Ländern zu den Grundnahrungsmitteln und in Zeiten, als es noch keine ausreichenden Kühlmöglichkeiten gab, konservierte man ihn durch Salz, Zucker und Essig.

Matjes
im Tomaten-Kartoffelnest

Spanischer Genuss

Für 2 Portionen

500 g festkochende Kartoffeln
8 bis 10 EL Olivenöl
Salz
1 kleine Zwiebel
1 Knoblauchzehe
¼ kleine, frische Chilischote
200 g geschälte
Tomaten (Dose)
50 ml trockener Weißwein
1 frischer Rosmarinzweig
(ersatzweise ½ TL getrockneter)
1 Lorbeerblatt
schwarzer Pfeffer
4 Matjesfilets

1 Die Kartoffeln waschen, schälen und in etwa 1 cm große Würfel schneiden. Gut die Hälfte des Olivenöls in einer Pfanne erhitzen und darin die Kartoffelwürfel in 15 bis 20 Minuten goldbraun braten. Leicht salzen.

2 Inzwischen die Zwiebel sowie die Knoblauchzehe abziehen und fein würfeln. Die Chilischote säubern, entkernen und fein hacken. In einer zweiten Pfanne das restliche Olivenöl erhitzen und darin Zwiebeln, Knoblauch und Chili andünsten.

3 Die Tomaten hinzufügen und diese leicht zerdrücken, mit Weißwein beträufeln. Rosmarinnadeln vom Zweig streifen und zusammen mit dem Lorbeer zugeben. Bei kleiner Hitze etwa 10 Minuten leise köcheln lassen.

4 Die Matjesfilets trockentupfen, schräg in schmale Streifen schneiden und auf zwei Tellern jeweils in der Mitte anrichten. Rundherum die Kartoffeln geben und alles mit Tomatensauce überziehen.

Zeit: 40 Minuten

Variation

Frühstückspfanne für 2 Personen: 200 g Tomaten würfeln, mit gehacktem Chili, 1 TL gemischten Kräutern, Salz und Pfeffer verrühren. Die Hälfte auf dem Boden einer ofenfesten Pfanne verteilen. 400 g gekochte Kartoffelscheiben darüber geben, salzen, pfeffern und mit dem Rest Tomaten belegen. Für 15 Minuten in den vorgeheizten Ofen (200°C, Umluft 180 °C) schieben, herausnehmen und zwei Eier (Größe L) als Spiegeleier darauf schlagen. Im Ofen weitere 10 Minuten backen lassen. Gehackte Matjes darüberstreuen und mit Paprikapulver bestäuben.

Pfeffer-Entrecôte
im Matjessalat

Aufregend-köstliche Kombination

1 Die Eier in 10 Minuten hart kochen. Inzwischen die Zwiebel abziehen und fein würfeln. Die Essiggurke in Streifen schneiden, die Champignons putzen und vierteln.

2 Die Eier mit kaltem Wasser abschrecken, schälen und vierteln. Das Salatherz entblättern, waschen und trocken schleudern. Die Petersilie waschen, von den Stielen zupfen und fein hacken. Matjesfilets trockentupfen und in schmale Streifen schneiden.

3 Aus Petersilie, Estragonessig, Senf, Ketchup und Olivenöl eine Marinade rühren. Mit Salz und Pfeffer würzen. Die Salatblätter auf zwei Tellern anrichten und leicht mit etwas Marinade beträufeln.

4 Das Entrecôte in fingerdicke Streifen schneiden, kräftig mit Pfeffer übermahlen und in heißem Pflanzenöl von allen Seiten kurz braten. Leicht salzen.

5 Matjesstreifen mit der restlichen Marinade locker vermengen und zusammen mit dem gebratenen Fleisch auf den Salatbetten anrichten. Mit den Eiervierteln garnieren und mit Pfeffer aus der Mühle bestreuen.

Zeit: 40 Minuten

Für 2 Portionen

2 Eier (Größe S)
1 kleine Zwiebel
1 Essiggurke
100 g kleine Champignons
1 Kopfsalatherz
4 Petersilienstängel
2 Matjesfilets
4 EL Estragonessig
1 TL Dijon Senf
1 EL Chiliketchup
4 EL Olivenöl
Salz, schwarzer Pfeffer
1 Entrecôte von etwa 200 g
2 EL Pflanzenöl
grob geschroteter,
schwarzer Pfeffer aus der Mühle

Variation

Matjes und Fleisch sind ein gutes Doppel: Falls Sie Bratenreste haben, diese zusammen mit Matjesfilets in feine Streifen schneiden und mit Streifen von Rote Bete, Cornichons, Radicchio, Kopfsalat und viel Silberzwiebeln sowie Maiskölbchen vermischen.

Gelber Linsenreis
mit Brokkoli und Matjes

Indischer Leckerbissen
Rezept zum Foto

Für 4 Portionen

200 g gelbe Linsen
200 g Langkornreis
100 g kleine Brokkoliröschen
Salz
4 Frühlingszwiebeln
1 kleine Möhre
2 EL Ghee (siehe Tipp)
1 TL Garam Masala
¼ TL gemahlenes Kurkuma
1 l Hühnerbrühe (Instant)
4 Matjesfilets

1 Linsen und Reis zusammen in einem Sieb waschen und gut abtropfen lassen. Den Brokkoli putzen, waschen und in kochendem Salzwasser 2 Minuten garen. Abgießen, kalt abbrausen und abtropfen lassen.
2 Die Frühlingszwiebeln und die Möhre schälen; beides fein würfeln. Den Wok heiß werden lassen, das Ghee darin erhitzen und unter ständigem Rühren Frühlingszwiebeln sowie die Möhren andünsten.
3 Reis und Linsen hinzufügen, alles mit Salz, Garam Masala und Kurkuma würzen. Die Brühe zugießen und einmal aufkochen lassen. Den Wok mit einem Deckel verschließen und den Inhalt bei mittlerer Hitze und öfterem Umrühren in etwa 20 Minuten fertig garen.
4 Die Matjesfilets trockentupfen und schräg in etwa 1 cm breite Streifen schneiden. Sobald die Flüssigkeit vom Linsenreis aufgesogen ist, nochmals abschmecken und den Brokkoli zum Erwärmen unterheben. Auf Tellern anrichten und mit Matjesstücken belegt servieren.

Zeit: ca. 40 Minuten

Tipp

Ghee (reines Butterfett oder geklärte Butter), die indische Gewürzmischung Garam Masala und Kurkuma gibt es in Asia-Geschäften.

Schinken-Blinis
mit Kurkumasahne

Matjes-Highlight

Für 4 Portionen

120 g Buchweizenmehl
Salz
$1/_4$ l Buttermilch
2 Eier (Größe S)
4 Matjesfilets
1 kleine Zwiebel
1 säuerlicher Apfel
200 g saure Sahne
50 g Mayonnaise
$1/_4$ TL gemahlener Kurkuma
1 TL Orangensaft
schwarzer Pfeffer
50 g Butterschmalz
8 kleine Scheiben Kochschinken

Für die Garnitur:
gehackter Dill

1 Aus Buchweizenmehl, Salz, Buttermilch und den Eiern einen glatten Pfannenkuchenteig rühren. Mit einem Tuch abdecken und etwa 2 Stunden ruhen lassen.

2 Die Matjesfilets trockentupfen und sehr fein hacken. Die Zwiebel abziehen und fein würfeln. Den Apfel schälen, entkernen und in Streifen schneiden.

3 Saure Sahne mit Mayonnaise, Kurkuma, Orangensaft, Zwiebelwürfeln, Äpfeln und Matjes verrühren. Mit Salz und Pfeffer würzen.

4 Aus dem Teig acht Blinis herstellen. Dazu portionsweise Butterschmalz in einer kleinen Pfanne erhitzen und je eine Scheibe Schinken darin anbraten. Mit Teig begießen, anbacken lassen und vorsichtig wenden.

5 Je zwei knusprige Blinis auf einen Teller geben und mit Kurkumasahne belegen. Dick mit gehacktem Dill bestreuen.

Zeit: 50 Minuten
Zeit zum Ruhen des Teiges: 2 Stunden

Rühreier mit Matjes, Spinat und Safranjoghurt

Arabische Streifzüge

1 Die Matjesfilets trockentupfen und schräg in 1 cm Stücke schneiden. Die Pinienkerne in einer heißen Pfanne ohne Fett solange rösten, bis sie duften. Herausnehmen und auf einen Teller geben. Den Naturjoghurt mit Zitronensaft und Safran verrühren. Mit Salz und Pfeffer würzen.

2 Die Knoblauchzehe abziehen und fein würfeln. Die Butter in einer Pfanne erhitzen und darin die Knoblauchwürfel andünsten. Den Blattspinat hinzufügen und unter Schwenken 5 Minuten garen. Mit Salz und Pfeffer würzen.

3 Inzwischen das Pflanzenöl in einer beschichteten Pfanne erhitzen. Die Eier verquirlen und in die Pfanne gießen. Mit Salz, Pfeffer, Paprika und Cayennepfeffer würzen. Kurz rühren und die Pfanne vom Herd nehmen, wenn das Ei gerade eben gestockt ist.

4 Blattspinat, Matjes und Rühreier auf zwei Tellern anrichten. Löffelweise mit Safranjoghurt überziehen und mit gebräunten Pinienkernen bestreuen.

Zeit: 20 Minuten

Für 2 Portionen

2 Matjesfilets
2 EL Pinienkerne
150 g Naturjoghurt
1 TL Zitronensaft
1 Msp. gemahlener Safran
Salz, schwarzer Pfeffer
1 Knoblauchzehe
2 EL Butter
300 g aufgetauter
Blattspinat (TK)
3 Eier (Größe L)
1 EL Pflanzenöl
1 Msp. edelsüßes Paprikapulver
1 Hauch Cayennepfeffer

Der teuerste Matjes

Auch ein Rekord: In Scheveningen erbrachte die Versteigerung des ersten Matjes-Fasses einmal rund 120 000 Gulden (das sind heute ungefähr 54 000 Euro). Pro Hering waren das etwa 900 Euro! Der Erlös kam den „Maatjes", den Betreuern psychisch labiler Patienten, zugute. Und der teure Fisch wurde nicht etwa von den edlen Spendern verzehrt – sondern an Bauarbeiter an der Autobahn in Amsterdam verschenkt, als Stärkung für ihre Arbeiten an der ständig verstopften Zugangs-straße zur Millionen-stadt ...

Feines aus Topf und Backofen

Was gibt es Schöneres, als den verführerischen Duft aus der Küche, der einem unwillkürlich das Wasser im Mund zusammenlaufen lässt? Was darf's denn sein – Wirsingkuchen oder ein Apfel-Honig-Sud? Eine Kürbiscreme oder vielleicht Gemüsereis? Mit diesen Rezeptideen wird man Sie um Ihre fantastischen Ideen zu Matjes beneiden!

Meerrettich-Kartoffelpüree mit Matjes und Dörrobstsauce

Raffinierte Kombination
Rezept zum Foto auf dem Titel

Für 4 Portionen

150 g Dörrobst
500 ml Kalbsfond (a.d.Glas)
500 g mehligkochende Kartoffeln
Salz, Pfeffer
30 g kalte Butterwürfel
3 EL Sahnemeerrettich
150 ml warme Milch
frisch gemahlene Muskatnuß
8 Matjesfilets

1 Das Dörrobst 1 Stunde in reichlich kaltem Wasser einweichen, anschließend gut ausdrücken und fein würfeln. In einen Topf geben, mit dem Kalbsfond übergießen und auf $1/3$ der Flüssigkeitsmenge einkochen lassen.

2 Inzwischen die Kartoffeln schälen und in Salzwasser gar kochen. Die Dörrobstsauce mit Salz und Pfeffer würzen und die Butter nach und nach unterrühren.

3 Die Kartoffeln abgießen, kurz ausdampfen lassen und durch eine Kartoffelpresse drücken. Mit Sahnemeerrettich, Milch, Salz und Muskat verrühren.

4 Das Meerrettich-Kartoffelpüree auf Tellern anrichten, mit der Sauce umgießen und mit den Matjes servieren.

Zeit: 60 Minuten
Zeit zum Einweichen: 1 Stunde

Variation

Kartoffelpüree ist ein neutrales, schmackhaftes Grundprodukt, das sich gut dazu eignet, diverse Geschmacks- und Farbkombinationen auszuprobieren. Die Schweden lieben es mit einem Klecks Preiselbeeren oder Johannisbeergelee vermischt. Die Berliner machen es zu einem grünen Erbspüree, halb Kartoffeln, halb Erbsen. Zu diesem Gericht würde ich einen Esslöffel scharfen Senf unter den Kartoffelbrei mischen. Oder Dijon Senf.

Ofenkartoffeln mit zweierlei Matjesdips

Grüße von der Küste

1 Den Backofen auf 200 °C (Umluft 180 °C) vorheizen. Die Kartoffeln unter fließend kaltem Wasser abbürsten, trocknen und auf je ein größeres Stück Alufolie legen. Jede Kartoffel mit Meersalz bestreuen und fest in Folie verpacken. Auf ein Backblech legen und im vorgeheizten Ofen in etwa 50 Minuten garen. Inzwischen die Matjesfilets trockentupfen und in schmale Streifen schneiden.

2 Die Schalotte abziehen und fein würfeln. Zusammen mit Joghurt, Curry und Honig verrühren. Mit Salz und Pfeffer würzen und die Hälfte der Matjesstreifen unterheben.

3 Den Dill waschen, von den Stielen zupfen und fein hacken. Die Kapern etwas zerkleinern und mit Dill, Olivenöl, Aceto Balsamico und den restlichen Matjesstreifen vermengen. Mit Zucker, wenig Salz und Pfeffer würzen.

4 Die Alupäckchen öffnen, die Kartoffeln kreuzweise einschneiden und von unten leicht eindrücken, damit sie sich schön öffnen. Die beiden Dips dazu servieren.

Zeit: 60 Minuten

Für 2 Portionen

4 mittelgroße, mehlig-fest-kochende Kartoffeln
Meersalz
2 Matjesfilets

Für den Currydip:
1 Schalotte
100 g Naturjoghurt
1 TL mildes Currypulver
1/2 TL Honig
Salz, schwarzer Pfeffer

Für den Kaperndip:
4 Stängel Dill
1 EL Kapern mit etwas Saft
3 EL Olivenöl
1 EL weißer Aceto Balsamico
1 Prise Zucker
Salz, schwarzer Pfeffer

Feines aus Topf und Backofen

77

Großes Meeting

Nur ganz spezielle Heringe können zu Matjes werden: Biologisch heißen sie „Nordsee-Herbstlaicher". Doch auch unter diesen gibt es verschiedene Bestände: Den Buchanhering, den Doggerhering und den Downshering – und alle haben unterschiedliche Laichzeiten und -plätze. So weit scheint alles ordentlich geregelt, man schwimmt sich gut sortiert aus dem Weg. Im Sommer jedoch treffen alle drei Rassen in der nordwestlichen Nordsee auf dem Fladengrund zusammen. Das eigentlich Erstaunliche aber ist nicht das große Meeting selbst – sondern das „Danach": Irgendwie sortieren sich die Heringe aus dem Gewimmel wieder zu ihren ursprünglichen Gruppen zusammen, um geschlossen ihre Laichgründe aufzusuchen ...

Matjes
mit Bohnensauce

Herrlich erfrischend
Rezept zum Foto

78

Für 4 Portionen

3 Eier (Größe M)
250 g grüne Bohnen
Salz
1 Schalotte
1 EL Pflanzenöl
1 EL Butter
200 g Sahne
weißer Pfeffer
Etwas Zitronensaft
8 Matjesfilets

1 Die Eier in 10 Minuten hart kochen, kalt abschrecken, pellen und fein hakken. Die Bohnen putzen und in kochendem Salzwasser etwa 5 Minuten garen. Anschließend abgießen, mit kaltem Wasser abbrausen, abtropfen lassen und schräg in 1 cm lange Stücke schneiden.

2 Die Schalotten abziehen und fein würfeln. Pflanzenöl und Butter in einer Pfanne erhitzen und die Schalotten darin glasig dünsten. Sahne zugießen und kurz einkochen lassen. Mit Salz, Pfeffer und Zitronensaft würzen. Die Bohnen unterheben und kurz erwärmen. Zuletzt zwei Drittel der gehackten Eier unterheben.

3 Die Matjesfilets trockentupfen und auf Tellern anrichten. Das Bohnengemüse löffelweise darüber ziehen. Mit den restlich gehackten Eiern bestreuen.

Zeit: 30 Minuten

Beilage

Dazu passen gestampfte Kartoffeln mit Schnittlauch besonders gut.

Wirsingkuchen mit Matjes und Schinkencreme

Biss für Biss ein Meisterstück

Für 6 Portionen
(Springform mit 26 cm Ø)

Für den Mürbeteig:
300 g Mehl
100 g kalte Butterflöckchen
Salz · 1 Ei (Größe M)

Für die Füllung:
250 g Kartoffeln · 750 g Wirsing
200 g Sahne
200 g Kräuter-Crème fraîche
2 Eier (Größe L)
schwarzer Pfeffer
1 Prise gemahlene Muskatnuß

Für die Schinkencreme:
200 g gekochter Schinken
200 g saure Sahne

Außerdem:
Mehl zum Ausrollen
Butter für die Form
12 Matjesfilets

1 Für den Teig Mehl mit Butter, Salz, dem Ei und 5 bis 6 EL kaltem Wasser verkneten. Eine Springform mit Butter einfetten. Den Teig auf einer bemehlten Arbeitsfläche dünn ausrollen und die Form damit bis zum Rand hoch auskleiden. Mit einer Gabel mehrmals einstechen und die Form für 30 Minuten in den Kühlschrank stellen.

2 Die Kartoffeln waschen und in Salzwasser gar kochen. Inzwischen den Wirsing putzen, in Streifen schneiden, in kochendes Salzwasser geben und 10 bis 12 Minuten kochen. Anschließend abgießen und mit kaltem Wasser abschrecken.

3 Den Backofen auf 200 °C (Umluft 180 °C) vorheizen. Die Kartoffeln abgießen, ausdampfen lassen, schälen und durch eine Presse drücken. Wirsing mit Sahne, Crème fraîche und Eiern in der Küchenmaschine zu einem Püree verarbeiten. Kartoffelmus unterrühren und alles mit Salz, Pfeffer sowie mit Muskat abschmecken.

4 Das Gemüsepüree einfüllen und glatt streichen. Den Kuchen auf mittlerer Schiene in den Backofen stellen und in etwa 45 Minuten backen.

5 Inzwischen für die Schinkencreme den Schinken sehr fein würfeln und mit der sauren Sahne verrühren.

6 Die Matjesfilets trockentupfen. Den Kuchen aus dem Ofen nehmen, 5 bis 8 Minuten ruhen lassen und in Stücke schneiden. Je ein Stück Wirsingkuchen mit einem Matjes-Doppelfilet und einem Löffel Schinkencreme auf Tellern anrichten.

Zeit: 90 Minuten

Meerrettichsuppe mit Matjes und Bierkrusteln

Bayerische Impressionen

1   Die Weißbrotscheiben im Toaster knusprig rösten; dann auf einer Arbeitsfläche trocknen lassen. Die Schalotte und die Knoblauchzehe abziehen und fein würfeln. Die Kartoffeln waschen, schälen und klein würfeln. Den Apfel schälen, entkernen und in dünne Spalten schneiden.

2   Die Hälfte der Butter in einem Topf erhitzen und Schalotten, Knoblauch, Kartoffeln und Apfelspalten darin andünsten. Mit Brühe aufgießen, aufkochen und in etwa 20 Minuten gar kochen.

3   Backofen auf 200 °C (Umluft 180 °C) vorheizen. Den Matjes trockentupfen, schräg in schmale Streifen schneiden und auf vier Suppenteller verteilen.

4   Die Suppe mit Salz und Pfeffer würzen und mit einem Mixstab pürieren. Durch ein Sieb streichen und mit Sahne aufkochen. Inzwischen die Brotscheiben diagonal halbieren, in Weißbier tunken und für 5 bis 6 Minuten auf einem Backblech in den Ofen legen.

5   Die Suppe mit Meerrettich und der restlichen Butter aufmixen. Nochmals abschmecken und über die Matjesstücke gießen. Die Teller mit je zwei Bierkrusteln garnieren.

Zeit: 50 Minuten

Für 4 Portionen

4 Scheiben Weißbrot
1 Schalotte
1 Knoblauchzehe
300 g Kartoffeln
½ Apfel
2 EL kalte Butter
750 ml Fleischbrühe (Glas)
2 Matjesfilets
Salz, schwarzer Pfeffer
200 g Sahne
100 ml Weißbier
3 EL frisch geriebener Meerrettich

Fürsorgliche Heringe

Die geheimnisvollen Wanderungen der Heringsschwärme haben oft die Fantasie der Menschen beflügelt. Eine der Deutungen besagte: Heringe suchen zum Laichen einen angenehmen, futterreichen Platz auf, um dort den Nachwuchs so lange zu hegen, bis die Kraft der Jungfische ausreicht, sie in das eigentliche Revier zurückzubringen. Tatsache jedoch ist, dass die Fürsorge der Heringe mit dem Ablaichen endet! Ein Fünkchen Wahrheit steckt aber doch in der Idee: Bewährte Laichgründe, aus denen auch die Eltern stammen, bieten immerhin eine gewisse Gewähr dafür, dass auch der Nachwuchs dort gute Chancen hat.

Matjesstücke
im Apfel-Honig-Sud

Nordländische Küchenhandschrift
Rezept zum Foto

Für 4 Portionen

1 Möhre
1 Stange Staudensellerie
250 ml Apfelsaft
250 ml Wasser
1 EL Apfelessig
1 EL Honig
2 Nelken
2 Lorbeerblätter
1 EL Senfkörner
8 Matjesfilets

Zum Servieren:
1 Apfel
1 Stück frischer Meerrettich

1 Die Möhre schälen, Staudensellerie putzen. Beides in dünne Scheiben schneiden und in einen Topf legen. Mit Apfelsaft, Wasser, Apfelessig, Honig, Nelken, Lorbeer und Senfkörnern vermischen und aufkochen lassen.

2 Die Temperatur reduzieren und den Sud bei mittlerer Hitze 30 Minuten leise köcheln lassen. Vom Herd ziehen, erkalten lassen und die Matjesfilets einlegen. Gut abgedeckt mindestens acht Stunden im Kühlschrank marinieren lassen.

3 Die Matjesfilets mit dem Gemüsesud auf tiefen Tellern anrichten. Den Apfel schälen, entkernen, in Stifte schneiden und mit dem geraspeltem Meerrettich darüber geben.

Zeit: 40 Minuten
Zeit zum Marinieren: 8 Stunden

Variante

Wenn Sie gerne Sülze essen, so ist dieses Rezept eine gute Basis dafür: Den fertig gekochten Sud leicht abkühlen lassen und etwa 20 g Gelatinepulver in die noch warme Flüssigkeit rühren. Die Matjes auf tiefen Tellern anrichten und mit der Flüssigkeit, vermischt mit den Gemüsen, kellenweise begießen, bis er ganz bedeckt ist. Zum Festwerden für 8 Stunden in den Kühlschrank stellen.

Kürbiscreme
mit Mais und Matjes

Muß man probiert haben

Für 2 Portionen

1 Schalotte
1 mittelgroße, mehlig-
kochende Kartoffel
300 g Kürbis
1 EL Butter
1 Prise brauner Zucker
1 Msp. gemahlene Muskatblüte
(Macis)
1 Prise gemahlene Nelken
Salz, schwarzer Pfeffer
50 ml trockener Weißwein
250 ml Gemüsebrühe
2 Matjesfilets
100 g Kräuter-Crème fraîche
100 g Gemüsemais (Dose)
2 Weißbrotscheiben

1 Die Schalotte abziehen und fein würfeln. Die Kartoffel waschen, schälen und in 1 cm große Stücke schneiden. Den Kürbis entkernen, schälen und passend dazu schneiden.

2 Die Butter in einem Topf erhitzen und darin Kartoffel- und Kürbis-stücke 5 Minuten andünsten. Mit Zucker, Muskatblüte, Nelken, Salz und Pfeffer würzen.

3 Den Topfinhalt mit Weißwein ablöschen und mit Brühe aufgießen. Bei kleiner Hitze etwa 15 Minuten leise kochen lassen. Inzwischen die Matjesfilets trockentupfen und in schmale Streifen schneiden.

4 Die Suppe mit einem Mixstab pürieren und mit der Crème fraîche verfeinern, nochmals abschmecken. Die Maiskörner abtropfen lassen zum Erwärmen in die Suppe einrühren.

5 Die Weißbrotscheiben toasten, in kleine Würfel schneiden und auf tiefe Teller streuen. Darauf den Matjes verteilen und mit Suppe be-gießen.

Zeit: 40 Minuten

Süppchen mit Rote Bete, Roastbeef und Matjes

Raffiniert – und dazu ein Gläschen Wodka ...

1 Rote Bete und Kartoffeln waschen und schälen. Beides auf einem Gemüsehobel fein raspeln und in einen Topf geben. Mit Fleischbrühe, Wodka und ¹/₂ l Wasser aufgießen, leicht salzen und zum Kochen bringen. Nach dem ersten Aufkochen die Temperatur reduzieren und das Gemüse bei kleiner Hitze in 25 bis 30 Minuten garen.

2 Inzwischen die Matjesfilets trockentupfen. Zusammen mit dem Roastbeef und der Essiggurke in dünne Streifen schneiden.

3 Die Gemüsesuppe mit einem Mixstab fein pürieren und 100 g der Crème fraîche unterrühren. Mit Salz und Pfeffer würzen und in vorgewärmte Suppenschalen geben. Löffelweise Matjes-, Roastbeef- und Gurkenstreifen sowie die restliche Crème fraîche darauf verteilen. Zum Schluss den Meerrettich darüber streuen.

Zeit: 45 Minuten

Für 4 Portionen

500 g Rote Bete
200 g mehligkochende Kartoffeln
¹/₂ l Fleischbrühe
2 cl Wodka
Salz
2 Matjesfilets
100 g Roastbeefscheiben
1 Essiggurke
150 g Kräuter-Crème fraîche
schwarzer Pfeffer

Außerdem:
frisch geraspelter Meerrettich

Spinatpastetchen mit Macadamia-Matjes

Raffiniertes Crossover
Rezept zum Foto

Für 2 Portionen

1 Knoblauchzehe
200 g aufgetauter Blattspinat
50 g ungesalzene
Macadamia Nüsse
3 EL Olivenöl
Salz, schwarzer Pfeffer
1 Spritzer Zitronensaft
2 Königinpastetchen
1 kleine Zwiebel
1 ½ EL Butter
1 Prise Currypulver
50 g Sahne
4 Matjesfilets
2 Wachteleier

1 Die Knoblauchzehe abziehen und mit etwa 50 g Blattspinat und den Nüssen sehr fein hacken oder im Mixer pürieren. Mit Olivenöl verrühren und mit Salz, Pfeffer und Zitronensaft würzen.

2 Die Königinpastetchen auf ein Backblech setzen und in den kalten Ofen schieben. Auf 200 °C (Umluft 180 °C) schalten und die Pastetchen 10 Minuten aufbacken.

3 Die Zwiebel abziehen und fein würfeln. In einem kleinen Topf die Hälfte der Butter erhitzen und die Zwiebelwürfel darin andünsten. Den restlichen Spinat grob hacken und in den Topf geben. Mit Salz, Pfeffer und Currypulver würzen und mit Sahne begießen. Etwa 5 Minuten ziehen lassen.

4 Die Matjesfilets abtupfen und in etwa 2 cm große Rauten schneiden. Je ein warmes Pastetchen mit Spinat füllen und in die Mitte eines Tellers setzen. Rundherum die Matjesstücke legen und diese mit Macadamia-Spinat-Paste garnieren. Die Wachteleier in der restlichen Butter braten und jedes Pastetchen damit toppen. Zum Schluss ganz leicht mit Curry bestäuben.

Zeit: 30 Minuten

Variation

Es muß nicht immer Spinat sein ... Sie können die Pastetchen auch mit grobem Blumenkohlpüree, Rahmwirsing oder Brokkolisahne zu füllen. Das sind alles Geschmacksnoten, die einwandfrei mit Matjes harmonieren. Oder wie wäre es mit Romanesco, nappiert mit Sauce Hollandaise? Da flutscht der Matjes majestätisch.

Matjes-Potpourri auf Spaghetti

Ganz schön frech

Für 2 Portionen

200 g Spaghetti
Salz
2 Matjesfilets
1 Knoblauchzehe
¼ Bund Petersilie
50 g schwarze,
entkernte Oliven
2 EL Kapern
2 EL Olivenöl
200 g gewürfelte Tomaten
(aus dem Tetra Pak)
schwarzer Pfeffer

1 Die Spaghetti in reichlich kochendem Salzwasser bissfest garen. Inzwischen die Matjesfilets trockentupfen und in feinste Streifen schneiden.

2 Die Knoblauchzehe abziehen und fein würfeln. Die Petersilie waschen, trockenschütteln, von den Stielen zupfen und fein hacken. Die Oliven in Streifen schneiden. Die Kapern mit einer Gabel etwas zerdrücken.

3 Das Olivenöl in einer Pfanne erhitzen und darin den Knoblauch andünsten. Die Tomaten hinzufügen und unter Rühren 5 Minuten garen. Oliven, Petersilie und Kapern einrühren und mit wenig Salz und viel Pfeffer würzen.

4 Die Nudeln in einem Sieb abgießen. Zusammen mit den Matjes sowie dem Pfanneninhalt in einer Schüssel locker vermengen. Sofort servieren und – genießen!

Zeit: 30 Minuten

Variation

Nudelsalat mit Matjes? Kein Problem! Ob Sie nun Farfalle, Bandnudeln, Hörnchen oder Rigatoni wählen – alle Nudelsorten passen gut. Besonders hübsch und schmackhaft sind bunt gefärbte Nudeln, wie z.B. rote Bandnudeln mit Rote-Bete-Geschmack oder grüne Rigatoni mit Spinatgeschmack. Schwarz gefärbte Nudeln eignen sich weniger, weil der starke Geschmack der Tintenfischtinte dem Matjes in's „Gehege" käme.

Koriandermatjes
auf Gemüsereis

Erfrischend köstlich

1 Den Koriander waschen, von den Stielen zupfen und fein hacken. Die Matjesfilets trockentupfen und in schmale Streifen schneiden. Mit dem Koriander vermengen und in den Kühlschrank stellen.

2 Den Backofen auf 200 °C (Umluft 180 °C) vorheizen. Die Zwiebel abziehen und fein würfeln. Die Paprikaschote waschen, entkernen und in 1 cm große Würfel schneiden. Die Möhre schälen und klein würfeln. Die Wurst pellen und klein schneiden.

3 Das Pflanzenöl in einem Bräter erhitzen und darin Zwiebeln, Paprika und Möhren andünsten. Den Reis einstreuen und unter Rühren kurz mitdünsten. Mit Salz, Pfeffer und Kurkuma würzen.

4 Die Gemüsebrühe angießen und aufkochen lassen. Den Bräter in den vorgeheizten Backofen stellen und den Reis in knapp 20 Minuten garen. Anschließend bei ausgeschaltetem Ofen 5 Minuten nachziehen lassen.

5 Den Reis locker durchmengen und den Koriandermatjes darauf anrichten und sofort servieren.

Zeit: 40 Minuten

Für 2 Portionen

4 Stängel Koriandergrün
2 Matjesfilets
1 kleine Zwiebel
1 Paprikaschote
1 kleine Möhre
1 Chorizowürstchen (scharfe Dauerwurst aus Spanien)
3 EL Pflanzenöl
150 g Basmati Reis
Salz, schwarzer Pfeffer
1 Prise gemahlener Kurkuma
400 ml Gemüsebrühe

Markenzeichen

Kaiser Karl der V. erließ bereits im Jahre 1519 das „Plakkaat van de Heringsvangst" – eine Heringsverordnung, die Fang, Verarbeitung, Qualitätskontrolle und Verpackung detailliert regelte. Knapp 50 Jahre später wurde sie ergänzt und der erste Fang eines Jahres musste fortan mit dem „Stint-Jansbrand", dem Johannisbrandzeichen, auf jedem Fass gekennzeichnet werden. Zu den festgelegten Qualitätskriterien gehörte unter anderem auch, dass Matjes nur mit ganz speziellem, groben Salz aus Frankreich (später Portugal) eingelegt werden durfte.

Fingerfood

Fladenbrot mit Hummus und Matjes 30
Happy Spoons mit Avocadodip 27
Matjes mit Tzatziki und Fladenbrot 32
Matjes-Happen mit Garnelen 39
Matjes-Sandwiches, mediterrane 28
Matjes-Temaki 36
Matjesmus auf Walnusstalern, grünes 31
Pommes Chips mit Matjesstickers
   und Tomatenmayo 26
Sandwichtürme, weiße 34
Schinkentüten mit Matjes und Senf-Soleiern 35
Wrap-Matjes, nussige 38

Register

F(r)ischekicks

Chicorée mit Senfmatjes und Kaviarherzen 48
Endiviensalat, flämischer 47
Gurkensüppchen mit Matjes 52
Matjes-Töpfchen 42
Red Lady mit Meeresjungfrauen 44
Salat mit Matjes-Speckcrosti, bunter 51
Teufelseier mit Matjestartar 43
Vitaminsalat mit Schinkengriffel, fruchtiger 50
Weinkräutermatjes mit Gemüse
   und Limettensauce, geeister 46

Matjes-Party

Ananas-Igel mit Matjes und Schinken	57
Gazpacho	56
Matjes-Roulette mit Kaviarsahne und Eier-Sardellensauce	55
Matjes-Shooter	55
Kartoffel-Bohnensalat mit Kresse	57
Partybrötchen mit Speckzwiebeln	56

Feines aus Topf und Backofen

Koriandermatjes auf Gemüsereis	89
Kürbiscreme mit Mais und Matjes	84
Matjes mit Bohnensauce	78
Matjesstücke im Apfel-Honig-Sud	82
Matjes-Potpourri auf Spaghetti	88
Meerrettich-Kartoffelpüree mit Matjes und Dörrobstsauce	76
Meerrettichsuppe mit Matjes und Bierkrusteln	81
Ofenkartoffeln mit zweierlei Matjesdips	77
Süppchen mit Rote Bete, Roastbeef und Matjes	85
Spinatpastetchen mit Macademia-Matjes	86
Wirsingkuchen mit Matjes und Schinkencreme	80

Aus Pfanne und Wok

Linsenreis mit Brokkoli und Matjes, gelber	70
Matjes, eingelegte	66
Matjes im Tomaten-Kartoffelnest	68
Matjes-Leineweber mit grüner Sauce	64
Matjes-Sellerietörtchen mit Curryjoghurt	60
Matjesfilets mit Speckzwiebeln	62
Pfannenbissen mit Aioli-Matjes	65
Pfeffer-Entrecôte im Matjessalat	69
Quarkmatjes auf Wok-Gemüsegarten	61
Rühreier mit Matjes, Spinat und Safranjoghurt	73
Schinken-Blinis mit Kurkumasahne	72

Abkürzungen:

EL	=	Esslöffel
TL	=	Teelöffel
l	=	Liter
ml	=	Milliliter
ø	=	Durchmesser
TK	=	Tiefkühlware
°C	=	Grad Celsius

Hinweis:

Oft wird Matjes als Doppelfilet angeboten. Die Angaben in diesem Buch beziehen sich immer auf Einzelfilets. Wenn Sie Doppelfilets verwenden, müssen Sie bei der Zubereitung die kleine Schwanzflosse und das verbliebene Grätenstück entfernen.

Die Autoren:

Rose Marie Donhauser (Rezepte) absolvierte mehrere gastronomische Ausbildungen, unter anderem als Köchin im Hotel Hilton in München. Mit bisher mehr als 40 veröffentlichten Büchern zählt sie zu den erfolgreichsten deutschen Kochbuch-Autorinnen. **Herby Neubacher** (Text) ist Journalist und arbeitete jahrelang für große deutsche Zeitschriften bevor er zum Deutschen Fischbüro wechselte.

Alle in diesem Buch enthaltenen Informationen und Rezepte wurden von den Autoren und dem Verlag sorgfältig erarbeitet und überprüft. Eine Haftung kann jedoch nicht übernommen werden.

Anregungen und Hinweise sind jederzeit willkommen: info@seehamer.de oder Postfach 61, D-83629 Weyarn Besuchen Sie uns auch im Internet: www.seehamer.de

© 2002 Seehamer Verlag GmbH, Weyarn
Alle Rechte vorbehalten
Gestaltung: Bine Cordes, Weyarn
Lektorat: Bücherwerkstatt Peter Bramböck, München
Satz: Creativ Mediendesign GmbH, Ottobrunn
Fotos Innenteil: Robert Kanngießer, Hamburg,
Matjes-Büro Deutschland sowie Food Centrale, Hamburg
auf den Seiten 24/25, 40/41, 58/59 und 74/75.
Fotos Umschlag-Vorderseite: Robert Kanngießer, Hamburg (1)
und plus 49 GmbH, Hamburg (2),
Umschlag-Rückseite: Matjes-Büro Deutschland (1) und
Food Centrale, Hamburg (1)
Die Rezepte auf den Seiten 28, 32, 36, 52, 62, 66, 78 und 82
stammen vom Matjes-Büro Deutschland und wurden
für dieses Buch von der Autorin überarbeitet.
Lithografie: inteca Media Service GmbH, Rosenheim
Druck und Bindung: Officine Grafiche De Agostini, Novara
ISBN 3-934058-79-5